逆境の中の希望

FINDING HOPE IN TOUGH TIMES

魂の救済から
日本復興へ

大川隆法
RYUHO OKAWA

まえがき

このたびの東日本大震災を受けての、私の説法集である。一言《ひとこと》で言って、悔《くや》しい。二十五年、救世の法を説き続けている者として、わが身の未熟《みじゅく》と、光の供給《きょうきゅう》の不足に、立ちすくみ、涙している状態である。

この国の政治も経済も、マスコミも、ナイアガラの滝から落下する寸前《すんぜん》のようにも思える。

せめて宗教は光でありたい。「逆境の中の希望」でありたいと思う。

天よ、わが説く法に、人々の魂の救済の力を与えたまえ。

二〇一一年　六月十四日

幸福《こうふく》の科学《かがく》グループ創始者兼総裁《そうししゃけんそうさい》　大川隆法《おおかわりゅうほう》

逆境の中の希望　目次

第3章　逆境の中の希望

第4章 救いは、すでに存在している ［質疑応答］

※添付の法話ＣＤは、本文の79〜93頁を抜粋したものです。

第1章

諸《しょ》行《ぎょう》無《む》常《じょう》の風に吹《ふ》かれて

――インドと日本――

2011年3月12日（東京都・幸福の科学大悟館にて）

1　再び日本を襲《おそ》った大震災《だいしんさい》

「インド・ネパール巡錫《じゅんしゃく》」の直後に発生した「東日本大震災《だいしんさい》」

私は、今年（二〇一一年）の二月から三月にかけて、「インド・ネパール巡錫《じゅんしゃく》」を行い、計四回、現地で説法《せっぽう》をしましたが（『大川隆法 インド・ネパール巡錫の軌跡《きせき》』〔幸福の科学出版刊〕参照）、帰国直後の三月十一日、日本は東北地方を中心に大きな震災《しんさい》に見舞《みま》われました。

当会の信者のみなさんをはじめ、困っている人や混乱している人、不安に思っている人などが数多くおられることでしょう。

そこで、本章では、「インド・ネパール巡錫」の感想も交えながら、今回の

「東日本大震災」に関する私の見解を述べていきたいと思います。

まず、震災に遭《あ》われた方や、そのお知り合い、ご親族等に対し、「たいへん残念で、お気の毒なことであった」と、心から心痛《しんつう》の思いを表《ひょう》させていただきます。また、必ずしも十分な力になれない面もあることを、本当に申し訳なく思っています。

ただ、私は、今回の震災を全然予想していなかったわけではありません。「象《しょう》徴《ちょう》的な意味で」ではありますが、二〇〇八年ごろから、日本が沈《しず》んでいく印象を私は強く受けていました。

その「沈んでいく感覚」を、何とかして、「浮上《ふじょう》していく感覚」にもっていきたいと思い、私は、いろいろな努力をしてきたのです。

また、その「沈んでいく感覚」は、象徴的な意味において感じていたものでしたが、今回の震災では、現実に、東日本の沿岸部の多くが実際に水に沈むこととなってしまいました。

今回、テレビカメラ等に映った映像を通して、津波《つなみ》そのものや、冠水《かんすい》して水没《すいぼつ》した地域、倒壊《とうかい》した家屋、流された船や家、車等《とう》を見るかぎりでは、かつてスマトラなどで起きた地震や津波による被害《ひがい》にも似たものを感じました。

ともあれ、ここ数年、日本が沈んでいく感覚と戦っている思いが私にはありました。それは、経済的な意味でもそうかもしれませんし、政治的な意味でもそうかもしれませんが、全体的な意味で、日本が沈んでいく感覚があり、最近は、かつて述べていたような楽観的な見通しを述べていないのです。

そして、「二〇一〇年から二〇二〇年までにかけて、日本は危機の時代に入る」ということを述べているわけですが、二〇一一年三月の段階で、大きな震災を経験することになりました。

今回の地震は、観測史上、日本最大規模のものであり、マグニチュードは9・

0という、かつてないほどの大きさです。エネルギー規模は、「阪神《はんしん》・淡路《あわじ》大震災」よりはるかに大きなものでした。

人的被害は、現時点で、死者・行方《ゆくえ》不明を併《あわ》せて千数百名とのことですが、これは、今後さらに増えてくる可能性が高いと思います。（注。警察庁の発表によると、その後、五月三十一日時点で、死者が約一万五千人、行方不明が約八千五百人となった。）

家々があれほど流されたことを見ると、被害に遭った地域においては、仮設的な救済はなされたとしても、完全復旧までに、おそらく、二、三年はかかるのではないかと思います。

今後、都市直下型の地震《じしん》にも警戒《けいかい》を

一九九五年の阪神・淡路大震災《だいしんさい》を見た者として、私には、「また来たか」という思いが強くあります。

阪神・淡路大震災のとき、最初は、あれほど大きな被害だと思いませんでした。当時、幸福の科学では、まず、関西方面に詳《くわ》しい人を被災地に派遣《はけん》したのですが、その人が新幹線に乗って移動している間にも状況《じょうきょう》は刻々と変わっていき、現地に入ったときには、彼が東京を出るときに受けていた指示と、その後、私どもが東京から現地に直接出した指示とでは全然違《ちが》うものになっていました。それほど、被害規模がはるかに大きくなっていたのです。

あのとき、神戸《こうべ》の住民は、「ここには大きな地震は起きない」と信じ込《こ》んでいました。「地盤《じばん》がしっかりしていて、大きな地震は起きない」ということを、住民が強く信じていた地域だったのです。

被災地には、芦屋《あしや》という経済的に豊かな地域も入っていたので、最初のころは、「地震があったけれども、芦屋では、もう豪華《ごうか》な幕の内弁当が出回っている」という噂《うわさ》まであり、若干《じゃっかん》、甘《あま》く考えた面があったのですが、しだいに被害の甚大《じんだい》さを感じ、そうとう熱を入れて救援《きゅうえん》活動を行《おこな》ったことを覚えています。

ただ、あのときの地震は直下型に近かったので、被害は阪神・淡路という局所的な地域に集中していましたが、今回は、地震の規模が大きかっただけでなく、その影響《えいきょう》の範囲《はんい》が非常に広範であり、北海道から沖縄《おきなわ》までが地震と津波の対象になりました。その意味では、ある種の怖《こわ》さを感じています。

宮城県沖の地震が本震かもしれませんが、マグニチュード９・０の地震のあとに、茨城《いばらき》県沖や北陸地方、新潟《にいがた》県中越《ちゅうえつ》地方等、日本列島を囲むように地震が起きたので、私の率直な感想として、「これで終わるかな」という気持ちは非常に強いのです。

今回、マグニチュードの規模相応に大変な被害が出たのは事実ですが、震源地は沖合であることが多く、今のところ、直下型の大きな地震は起きていません。

しかし、「もし都市直下型の地震が起きた場合は、被害規模は、これでは済まないのではないか」という予感がしないわけではなく、まだまだ心を許してはならない状況だと思います。

そのように、「いよいよ、日本も、危ない時期に入ってきたのではないか」という感じを非常に強く受けているのです。

2 「インド・ネパール巡錫《じゅんしゃく》」を終えて

目覚ましい発展を遂《と》げていたインド

冒頭《ぼうとう》で述べたように、私は今年の二月から三月にかけて、インド・ネパール巡《じゅん》錫《しゃく》を行いました。

十五年前に、インドとネパールを視察したときには、両国とも、もう少し後《おく》れていたというか、まだまだ発展途上《とじょう》でした。道路に関しても、「これから舗装《ほそう》しようか」というような状況《じょうきょう》の所が多く、みすぼらしい家や貧しい人々も多かったのです。

しかし、今のインドは、デリーなどの都市部では、インフラもかなり整備されています。大きな道路や高速道路があり、高架《こうか》の上を電車が走り、地下鉄も敷《し》かれています。どんどん近代化が進んでいます。まだ高層ビルはあまりありませんが、建物自体は、かなり大きなものが建ち始めています。

なお、「インドで最も貧しい」とも言われるビハール州は、仏跡地《ぶっせきち》の多い所であり、ブッダガヤという、「仏陀《ぶっだ》が悟《さと》りを開いた地」がある所です。そこには、まだ、インド的なるものが残ってはいました。

ただ、全体的に見て、インドが、今の中国のように大発展していき、人口相応の力を持つようになってくれば、もうすぐ、日本が小国に見えるような時代が来るかもしれません。そういう未来が完全に見えたように感じました。

デリーやムンバイには、まだスラムに当たる部分が残ってはいますが、これは、いずれ十年や二十年のうちに、マンションやオフィスビルなどに変わっていくだろうと予想されます。インドの都市部は未来型都市へと変身しようとしているのです。空港も巨大《きょだい》なものがつくられています。

前回は感じませんでしたが、今回、インドには、ある意味で、「日本よりも進んでいる」と感じられるところが幾《いく》つかありました。貧富《ひんぷ》の差が激しい面もあるのかもしれませんが、非常に優《すぐ》れたところもあったのです。

例えば、インド国内を旅行するに当たっては、プライベートジェット機を利用して移動することもできます。それは十数メートルの小さな飛行機ですが、乗り降りが非常に楽ですし、高度一万メートルぐらいを飛んでも非常に安定していて揺《ゆ》れません。そのため、それを利用して日帰りで仕事をしても疲《つか》れないのです。日本の空港とはキャパシティの違《ちが》いもあると思うのですが、そういうプライベートジェット機がインドの空港には数多く並んでいました。これを使って私は日帰りでの講演会を実現しましたが、かなり疲れが少なく、「ああ、インドは、ここまで来ているのか」と思ったのです。

一方、日本では、まだ、「全員が、同じようなサービスで移動している」という状況が続いているので、「日本人は、発展度合いにおいて、先を目指していく意識が低いのかな」と感じました。

また、インドでは、日本にはないような、非常に高付加価値の映画館ができていて、やや驚《おどろ》きでした。日本では、職業や地位・年収等に関係なく、同じような座席で見る形式が多いのですが、インドには、富裕層《ふゆうそう》用の映画館もあり、飲食をサービスされながら映画を見られるようになっていたのです。

もう一段、大きな目を持たないと、日本は後《おく》れを取る

私は、幾つかの面で、「インドが日本に追いつき、追い越《こ》していくのは、時間の問題である」という印象を受けました。インドの十億を超《こ》える国民が、日本の国民に近い生産性を持ってきたときには、それは、必ず、すごい力になってくるでしょう。

「日本は、一九九〇年以降、大きな停滞《ていたい》に入っているのではないのか。惰眠《だみん》を貪《むさぼ》っていたのではないか」と思います。十五年前、インドやネパールから日本に帰ってきたとき、私の目には、日本の都市は未来都市のように見えたのですが、今回は、そのときとは違い、もはや未来都市のようには見えなかったところがあるのです。

これは、やはり、インフラ等の整備において、お金をかなり惜《お》しんだためでし

ょう。「日本人は、非常に萎縮《いしゅく》して、小さく生きている。もう少し大胆《だいたん》に物事を考えないと、未来は拓《ひら》けないのではないか」ということを、つくづく感じたのです。

したがって、今回、地震《じしん》や津波《つなみ》等による被害《ひがい》が出ましたが、こういうものを単に後ろ向きに考えるのではなく、前向きに「将来的な計画を練るチャンスだ」とも考えて、対策を立てていったほうがよいでしょう。そのように、未来型の発展を目指したインフラ整備が大事です。建物等については、しっかりしたものをつくらなくてはなりません。

ところが、現政権は、土地、建物、道路、ダム、空港等の整備について、「もったいない」と言って、予算を削《けず》ったりしています。これでは国が衰退《すいたい》していくもとをつくっているようにしか思えません。やはり、「もう一段、大きな目を持たないと、日本は後《おく》れを取るのではないか」と感じています。

3 仏法的《ぶっぽう》に見た「天変地異の理由」

「正法《しょうぼう》が広がらなければ国難が起きる」と説いた日蓮《にちれん》

今回のような天変地異が襲《おそ》う理由として、仏法的《ぶっぽう》には、次のようなことがよく言われています。

近時《きんじ》においては、鎌倉《かまくら》時代に、日蓮《にちれん》が、「正法《しょうぼう》が広がらなければ、国に、地震《じしん》などの天変地異や飢饉《ききん》、内乱、外から攻《せ》められる外寇《がいこう》などが数多く起きる」という予言をして、『法華経《ほけきょう》』への信仰《しんこう》を説いて回り、そうとう迫害《はくがい》を受けましたが、実際に「蒙古襲来《もうこしゅうらい》」などが起きました。

もっとも、仏典を読むかぎりでは、インドの仏陀《ぶっだ》は、必ずしも、そういう言い方をしているわけではありません。例えば、仏陀在世中《ざいせちゅう》に大きな地震が起きたこともあったようで、それに関する質問と答えが遺《のこ》っています。

弟子《でし》から、「なぜ、こういう地震が起きるのでしょうか」という質問が出たとき、仏陀の答えのなかには、「仏陀がこの世に生まれるときや悟《さと》りを開くとき、法輪《ほうりん》が転じられるとき、仏陀が入滅《にゅうめつ》するときなどに、大きな地震が起きたりするのだ」というような内容があるのです。

これだと、まるで仏陀が地震を起こしているように聞こえなくもないので、誤解がないように述べておきますが、これは一つの象徴《しょうちょう》であり、「この世的な、目に見える世界、この可視《かし》的な世界が、大きく振動《しんどう》して揺《ゆ》らぐ」ということを言っているのです。つまり、「仏陀としての成長や、その悟りの段階に合わせて、目に見える世界が大きく振動し、揺らいでいく」ということを意味しているわけです。したがって、この仏陀の言葉を、そのとおりに聞いてはなりません。

ある意味では、「目に見え、『これこそが確かだ』と思っているものが崩《くず》れていき、不可視の部分、つまり、目には見えない世界の真実の姿が見えてくる」ということを、象徴的に言っている面があるのだと感じられます。

映画「仏陀再誕《ぶっださいたん》」に含《ふく》まれている三つの予言

今回、テレビ等で津波《つなみ》の映像を見て、幸福の科学の信者のみなさんには、ある程度の既視感《きしかん》、デジャヴのようなものがあったと思います。二〇〇九年に公開された映画「仏陀再誕《ぶっださいたん》」（製作総指揮・大川隆法）において、スペクタクル場面の第二幕は、津波が襲ってくるシーンでしたが、それが現実に起きたからです。

幸福の科学が製作する映画は、エンターテインメント風に見えたとしても、ある程度、予言的な内容を盛り込《こ》んでいます。

第一作の映画「ノストラダムス戦慄《せんりつ》の啓示《けいじ》」を上映したのは一九九四年の秋か

らですが、上映し終わったのは一九九五年の一月十日前後です。その一週間後の一月十七日に阪神《はんしん》・淡路《あわじ》大震災が起き、高速道路が寸断され、車がそこに引っかかっている様子がテレビの画面で流れたのですが、それは、映画「ノストラダムス戦慄の啓示」に描《えが》かれているシーンそのものが現れたような状況《じょうきょう》でした。

今回も、ある意味では、映画「仏陀再誕」の津波のシーンが現実化したと言うことができるかもしれません。

映画「仏陀再誕」はアニメーションではありますが、それには黙示録《もくしろく》的な予言も含《ふく》まれていると考えると、次に起こる可能性があることは何でしょうか。

スペクタクル場面の第一幕として、「ＵＦＯからの攻撃《こうげき》による大量破壊《はかい》」というシーンが出てきます。これが的中するかどうかは分かりませんが、「宇宙からの何らかの攻撃、あるいは、ＵＦＯではないにしても、空からの攻撃のようなものがありうる」という解釈《かいしゃく》が成り立ちます。「空からの攻撃が可能性としてはある」ということを警告していると考えてもよいかもしれないのです。

そして、第三幕としては、「東京ドームで、悪の象徴である者と、正しい仏陀とが、マスコミや国民を巻き込んで対決する」というシーンが出てきます。悪魔《あくま》が正体を現し、マスコミも巻き込みながら、「真実の仏陀は誰《だれ》なのか」が明らかになっていく場面が出てくるのですが、これについても、しだいに、そうなってくるであろうと推定しています。まったく同じような場面ではなくても、意味的には同じことが起きてくるだろうと思います。

現実に、今、水面下では、「真実の宗教は何なのか。真実の仏陀は誰なのか」というようなことに関する戦いが、着々と進んでいると考えてよいでしょう。

もし日蓮的な考え方が正しいとするならば、正しい教えが広がらずに邪教《じゃきょう》がはびこっていると、それは、さまざまな国難を呼び込むことになるので、正しい教えが広がることは非常に大事なのです。

4 震災《しんさい》の背景にあった「罰当《ばちあ》たりな風潮」

インドやネパールでは私の説法《せっぽう》が全国に生中継《なまちゅうけい》された

今回、「インド・ネパール巡錫《じゅんしゃく》」を行《おこな》って感じたことは、2節でも述べたように、「どちらの国も経済的に発展してきている」ということです。特にインドの発展には目覚ましいものがありました。

ネパールでは、首都のカトマンズのホテルに二千人以上の人を集め、金曜日（三月四日）の午後に講演をしました。ネパールの金曜日の午後は、日本の土曜日に当たるらしいのです。

もちろん、新聞社が取材に来ましたが、テレビもネパール国営放送と民放の二局が来て、私の講演を生中継《なまちゅうけい》しました。日本であれば、普通《ふつう》は、まず録画をし、内容をチェックしてから、上層部の人が放映の是非《ぜひ》を判断するかたちになるだろうと思いますが、最初から生中継で予定が組まれ、全国に放映されたのです。

放送局側は、英語等に翻訳《ほんやく》されている私の著書と、国営放送で過去に放映した私の英語説法《せっぽう》や映画「仏陀再誕《ぶっださいたん》」等の実績から見て、完全に信用して中継を組んだのだと思います。

その翌々日の日曜日、三月六日には、インドのブッダガヤ、すなわち仏陀が悟《さと》りを開いた地で、大集会、大講演会を開きました。

場所は野外のイベント会場です。現地の建物には、それほど大きなものがないので、講演ができる野外会場にテント等を張り、マイクやモニター、スクリーン等を用意して、四万人ぐらいまでは入れるようにしたのです。

ところが、当日は、それでも入り切らない状況《じょうきょう》でした。次から次へ、ぞろぞろと人が集まってくる様子を見て、私は何とも言えない感慨《かんがい》を持ちました。

三時間も歩いて集まってきている人たちが大勢いましたし、行事のスタートは午後一時ごろからだったのですが、開始時刻になっても、まだバスが次から次へと到着《とうちゃく》している状況でした。

そこで、私は、一時半からの予定だった説法を五分遅《おく》らせ、一時三十五分から始めたのですが、会場内の聴衆《ちょうしゅう》は、すごい人数でしたし、なかに入れない人たちが、「入れろ、入れろ」と、会場の外で、そうとう騒《さわ》いでいたようにも感じました。

結局、「会場内に入れた人は四万人で、入れない人が数万人もいた」と言われたのです。

このときも、一時から二時まで、インドの民放で全国に生中継されました。ある種の電波では、全世界の七十数カ国に配信されたとも聞いています。また、新聞社や雑誌社、テレビ局が二十社以上も取材に来ていたようです。

ネパールと同様、インドでも、その説法の前に、英語や現地の言語に翻訳された私の著書は出ていましたし、私の過去の英語説法の映像も流れていました。また、映画「仏陀再誕」もインドの各地で上映され、多くの人に見ていただいていました。

そして、現地で説法するに当たっては、現地の信者のみなさんが、「会場に来てから会員になるよりも、会員になってから説法を聴《き》きましょう」と言って入会を勧《すす》めていたため、私が行く前に現地の信者がすごく増えている状況でした。

「仏陀《ぶっだ》が悟《さと》りを開いた地」で数万人規模の講演会を開催《かいさい》できた

幸福の科学は、過去に何度も、東京ドームに信者を集めて数万人規模の講演会を行いましたが、今回は、そのくらいの規模の講演会を、インドで最も貧しいと言われるビハール州にある、仏教の聖地ブッダガヤで行いました。

そこは交通の便が悪いのですが、歩いて三時間かけてでも人が集まってきました し、バスでも大勢の人たちが集まってきて、東京ドーム・レベルの講演会がインドの一州の一町《まち》で開催《かいさい》されたのです。もちろん、そこにはデリーやムンバイの人たちは聴きに来ていません。その周辺に住んでいる人たちだけで数万人もの講演会ができるところまで、伝道が進んでいるのです。

この背景にあるものは何でしょうか。物質的には、まだ日本のほうがインドやネパールより優《すぐ》れているかもしれませんが、ネパールにもインドにも、宗教や仏教に対する肯定《こうてい》的な感覚があります。また、「仏陀再誕《ぶっださいたん》」ということに関して、日本とは反応が違《ちが》うのです。

ブッダガヤは仏陀が悟《さと》りを開いた地であり、現地の人には、二千五百年間、そのことについての誇《ほこ》りがずっと続いています。

今回、私は、その地において、“The《ザ》 Real《リアル》 Buddha《ブッダ》 and《アンド》 New《ニュー》 Hope《ホープ》”（真なる仏陀と新たな希望）という題で説法をし、それがテレビで全インドに中継されたのです。インドの新聞社等が、二十社以上、取材に来ましたし、会場には数万人が集まりました。「以前、同じ会場でダライ・ラマが集めた人数の二倍から三倍ぐらいの人が来た」と言われています。

当日、会場にはダライ・ラマの広報官も来ていました。また、私の講演と関係があるのかないのか、分かりませんが、私がその講演をした数日後《ご》に、「政治的リーダーから降りるつもりである」とダライ・ラマは言ったのです。

この私の講演が、ここ数十年における、ブッダガヤでの最大規模の行事になったと聞いています。

今の政権で「無神論国家」「唯物論《ゆいぶつろん》国家」が完成された

インドやネパールでの反応と、日本での反応との違いは、やはり大きいと思います。

私は、日本でも講演をしていますし、著書も大量に出しています。そして、私の説法の映像は、政治運動等を通して、幾《いく》つものテレビ局によって数多く収録されましたが、それを放映したテレビ局はほとんどありません。これは国としての文化事情や倫理観《りんりかん》の違いだと思うのです。

一方、インドやネパールでは、「仏陀が生まれて話をする」ということには、ものすごい値打ち感があり、極《きわ》めて大きなニュースバリューがあるので、マスコミにとっては、ぜひ国民に伝えなくてはいけないことなのです。

インドやネパールの人たちは、私に関して、幾つかの断片的な情報しか、事前には得ていません。それは、当会の映画、私の講演や著書などですが、それでも、現地では、日本で出ているほどの数の本は出ていません。しかし、彼らは、そういうものを見ただけで、真実が分かったわけです。

ところが、日本では、私が、これだけ数多くの〝弾《たま》〟を撃《う》ち続けているにもかかわらず、いまだに〝無言の世界〟のなかに置かれています。「宗教は、宗教だけで完結した、小さな世界のなかで活動していろ。そこは表の世界とは違うのだ」というような感覚が非常に長く続いていると思うのです。

ある意味で、そういう「無神論国家」「唯物論《ゆいぶつろん》国家」が、今の政権において完成されたのかもしれません。

二回の大震災《だいしんさい》は左翼《さよく》政権への「天の警告」

前回の阪神《はんしん》・淡路大震災《あわじだいしんさい》のときも、政治的には、まれに見る異常な事態でした。

村山富市《むらやまとみいち》社会党委員長が〝顔だけの総理〟になり、それまでは否定していた自衛隊も日米安保も日の丸も、急に「認める」と言い出す状況でした。

彼は、自民党に担《かつ》がれ連立政権の総理になったのですが、例年、正月には総理が伊勢神宮《いせじんぐう》に参拝することが慣例だったのに、初めて、正月に伊勢神宮に参拝しませんでした。

ところが、一月十七日に阪神・淡路大震災が起きると、そのあと、四月に伊勢神宮に参拝に行きました。震災を「神の祟《たた》りか」と思って怖《こわ》がったようです。

結局、彼は、震災の数カ月後に、地震直後の初動がすごく遅かったことなど、震災後の対策が十分にできなかったことの責任を取って、退陣《たいじん》しています。

また、阪神・淡路大震災のときの兵庫県知事は革新系の人だったのですが、その人は、当初、自衛隊が救援《きゅうえん》に来ることを拒否《きょひ》したのです。「自衛隊は違憲《いけん》だ」と考えていて、その存在を認めておらず、自衛隊が兵庫《ひょうご》県内で演習することも許可していなかった人なのですが、大きな地震が起きた当日でさえ、自衛隊が県内に入ることを許可しませんでした。こういう思想的な問題が大きく影響《えいきょう》して、被《ひ》害《がい》が拡大したと思います。

さらに、当時、アメリカからは、「空母を神戸《こうべ》に送って救援したい」という申し出がありましたが、日本側はそれを拒否しました。空母は、三万人ぐらいの人を乗せて泊《と》まらせ、食事を提供することができるので、救済能力、救援能力が非常に高いのですが、その申し出を拒否したのです。

そういう政権のときに災難が起きたわけです。

今回も米軍は「協力する」と言って実際に救援活動をしてくれましたし、自衛隊も数多く出動しましたが、「今回の震災は、日本の危機管理体制をチェックする非常に大きな機会になったのではないか」と思います。

それと同時に言えることとは、「マスコミをはじめとするいろいろな人たちが、

『現政権は末期的症状を呈《てい》している』と判断し、意見を言っていたときに、この大震災が起きている」ということです。

要するに、政権の統治能力や信用が、まったくなくなっている状況だったのです。「政策立案当事者として、あるいはガバナンス（統治）の責任者として、信用がすでになくなっているときに、こういう天変地異が起きている」ということは、国民にとっては不幸な事態です。

統治能力の高い人のほうが、もちろん、災害対策能力も高いに決まっています。国民のみなさんは、「そういう政治状況のときに大震災が起きた」ということの意味を知らなくてはいけないのです。

「阪神・淡路大震災」と「東日本大震災」という二大災害は、実質上の左翼《さよく》政権が立っているときに起きています。そして、その背景には、やはり、仏神《ぶっしん》、仏や神を軽《かろ》んずる風潮、唯物論的な風潮があります。

要するに、そういう風潮が「勝利した」と宣言しているときに、こういう天変地異が起きているのです。それを知らなくてはなりません。

これは、宗教的に見れば、ある意味で、ひとつの「天の警告」と見るべきだと思います。特にここ二、三年ほど、幸福の科学を中心として、さまざまな提言や意見、警告が出されているにもかかわらず、これを無視してきた罪は、やはり、ある程度、生じてきているのではないかと思うのです。

日本の国民やマスコミは、当会に関して、インドやネパールの国民やマスコミが得ている情報の百倍以上の情報を得ているはずです。それでもまだ判断ができないというか、逆判断をしているような状況です。

日本のマスコミは、当会が政治活動をしても、それを国民に知られないようにしようと隠《かく》しに入ります。そして、幸福実現党の候補者を当選させないために、その政治的意見を取り上げないようにします。また、宗教活動についても、よい面に関しては報道せず、悪い面だけを一生懸命《いっしょうけんめい》に探し、ほじくり出そうとしています。

このような罰当《ばちあ》たりな風潮が背景にはあったと私は思います。

5　日本の未来をつくるために

危機の時代だからこそ、救世主が生まれる

今回のような天変地異等については、「救世主が生まれるから、国難や世界的な危機が起きる」というような因果律《いんがりつ》として受け止められると、私の立場は非常に微妙《びみょう》なことになってしまいますが、そうではなく、やはり、「国難や世界的な危機が起きるときだからこそ、救世主が生まれる」と考えたほうがよいでしょう。

私は、「何もしなくても平和と安全と発展が約束されているときに、生まれてくる必要は必ずしもない」と思っています。当然、「それ相応の厳しい試練を通して人々を導かなくてはいけない。そういう、ある意味での難行《なんぎょう》・苦行《くぎょう》があるのだ」と考えているのです。

二〇一〇年から二〇二〇年までは、私が予想しているとおり、「日本のゴールデン・エイジを開けるかどうか」という、本当に苦しい苦しい陣痛《じんつう》の時期になると思います。そのなかを何とかして勝ち抜き、生き抜《ぬ》いて、この仏法真理《ぶっぽうしんり》を押《お》し広げ、仏陀《ぶっだ》の説く新しい真理が照らす日本をつくり上げれば、二〇二〇年以降、繁栄《はんえい》の未来は、この国にも開けるでしょう。

そういうことを考えつつ、もう一方では、私は今、非常に急いで海外伝道を進めています。それは、当会の信者のみなさんもご承知のとおりです。

「幸福の科学が、この世的に見るならば、あるいは、普通《ふつう》の宗教のレベルで判断するならば、最盛期に入っていると客観的に見られるような時期」に、かつ、「日本がまだ繁栄を維持《いじ》できている時期」に、私は、できるだけ世界の隅々《すみずみ》にまで仏法真理を広げ、布教《ふきょう》しようとしています。

これは、「最悪の事態のことも考えている」ということでもあります。

本章では、日本沈没《ちんぼつ》的なことも述べましたが、たとえ、この日本という国が、かつてのムーやアトランティスのような最期《さいご》を迎《むか》えることがあったとしても、われわれは、この真理の種を、あるいは真理の火を、決して消してはならないのです。この真理を世界の隅々にまで届けておくことによって、必ず、その火種が次の新しい時代を照らす光になることを希望し、今、急いで広げているのです。

この「急いで広げている」という状態は、事情を知らない人から見れば、ただ焦《あせ》っているか、功名心に駆《か》られているかのように見えるかもしれませんが、私の考えは、もっと深いところにあります。

この教えを世界の隅々にまで広げておいたならば、たとえ、どのような事態が起きても、例えば、戦争が起きたり、天変地異等があったりして、日本が壊滅《かいめつ》的な被害《ひがい》を受けることがあっても、また別な所から真理の火が広がっていけると考えているのです。

今、戦後日本の唯物論《ゆいぶつろん》的な繁栄《はんえい》が揺《ゆ》らいでいる

前述したように、映画「ノストラダムス戦慄《せんりつ》の啓示《けいじ》」や「仏陀再誕」にも予言的な内容はありますが、今、当会が製作中で、二〇一二年公開予定の映画「ファイナル・ジャッジメント」や映画「神秘の法」にも、ある程度、予言的な内容は入っています。

その未来は、日本にとって必ずしも明るい未来ではなく、「非常に困難を予想させる、厳しい時代が来るかもしれない」という予告を内包しています。

それが、予知のレベルでとどまるか、あるいは、阪神《はんしん》・淡路大震災《あわじだいしんさい》のように、映画が上映される時期と、現象が起きてくる時期とが、ほとんど時差のない状況《じょうきょう》になるか、どちらになるかは分からないのですが、そういう予言的な内容も織り込《こ》んだ映画を製作しています。

その内容を私が予知的に得たのは五年以上前のことです。そういう映画を来年(二〇一二年)、見ていただくことになると思います。

未来においては、まだまだ厳しい時代が続きます。

ただ、「今、戦後の日本の唯物論《ゆいぶつろん》的な繁栄《はんえい》が揺《ゆ》らいでいる」ということは知らなければなりません。

日本の人々は、「この世的に、いくら繁栄したように見えても、その中心に神仏の光が宿らないようなものであれば、それは、はかないものである」ということを知る必要があるのです。

物事には何事もきっかけというものがあります。何かを契機《けいき》として、ピークを過ぎることがよくあるのです。

例えば、アメリカのニューヨークには、ワン・ワールドトレードセンターと、トゥ・ワールドトレードセンターという、二本のビルで構成される世界貿易センタービルがあって、このツインタワーがニューヨークの繁栄の象徴《しょうちょう》でした。

以前にも述べましたが、私も、若いころには、そこで働いていたことがあります。当時そのビルは本当に大きく感じられました。また、がっしりとしていたため、「このビルは二百年も使える」と言われていて、その所有権や使用権等の売買は二百年単位で行われていたのです。その「二百年も使える」と言われていたビルが、そこで私が仕事をしていた十数年後に地上から消えてなくなっています。

そのように、この世的な繁栄は、はかなく崩《くず》れることがあります。

しかし、その一方で、「目には見えない仏法真理なるものが、実在化して広がり続けている」という現実があるのです。

日本は、まだまだ、この世的にも改良・改善の余地があり、今後も発展の余地はあります。ただ、インドとネパールを見てきた結果として言えることは、「日本が、信仰《しんこう》や宗教性において後進国になり、唯物論的発展を求めたら、日本には、隣国《りんごく》の中国や北朝鮮《きたちょうせん》を批判する資格はない。むしろ、その仲間である。そして、その繁栄には陰《かげ》りが必ず出てくる」ということです。日本人は、そういうことを知らなくてはいけないのです。

「日本で真実の仏陀《ぶっだ》が法を説いている」ことを知ってほしい

日本国民は、まだまだ、本当の意味でスピリチュアルに啓蒙《けいもう》されてはいません。まだ、スピリチュアルなものを「際物《きわもの》だ」と思っているでしょうし、霊《れい》的なものを本心から信じてはおらず、個人的な趣味《しゅみ》のレベルのものだと思っています。

「少なくとも、公《おおやけ》のメディアで流すようなものではないし、新聞等、公の活字に出るようなものではない。お好きなら、各個人で勝手にどうぞ」という程度にしか見ておらず、公的《こうてき》なものだとは思っていないのです。

この点が、国営放送等で私の説法《せっぽう》を流している国との違《ちが》いです。これを知らなくてはいけません。それは、「事実がどうか。真実がどうか」ということではなくて、単なる考え方の問題なのです。

唯物論の国であれば、宗教的な説法は公のメディアでは流れないでしょう。単に、そういうことです。「日本人の、このへんの考え方を変えさせていかなければ、この国自体は、まだまだ変わっていかないのだ」ということを知らなければいけません。

繰《く》り返しになりますが、仏教国であり、「仏陀《ぶっだ》生誕の地」と言われる、ネパールやインドにおいて、私が堂々と「仏陀再誕」を宣言し、"I《アイ》 have《ハヴ》 now《ナウ》

returned《リターンド》."（我、ここに再誕す）と言って英語で説法を行ったところ、それが、そのまま国営放送等で国民向けに放映されたのです。

その観点から見れば、「この日本という国が、どれほど、宗教に対して無知で判断能力がなく、むしろ、事実上、迫害者《はくがいしゃ》になっているか」ということを知らなくてはいけないのです。

その結果、さまざまな天変地異を招いたり、場合によっては、他国からの侵略《しんりゃく》を招いたりすることになるのであれば、それには、かなり自業自得《じごうじとく》に近いものがあると思います。

ただ、その考え方の根本《こんぽん》は多数決から来ているのでしょう。その多数決を動かしているものがメディアの言論操作であるならば、われわれは、そのメディアをも十分に説得し、納得《なっとく》させ、改宗させるだけの努力をしなければなりません。

おそらく、映画「仏陀再誕」の第三幕における戦いの象徴的な意味が、ここにあると思います。「日本で真実の仏陀が法を説いている」ということを、全国民に知っていただくことが、日本の未来をつくることになるのです。

少なくとも政治だけを見ても、ここ二、三年、私が政治に関して発言してきたことの多くは、そのとおり、現実として当たっていますし、マスコミ等も、結局、一年や二年遅《おく》れて、同じことを後追いで記事にし、載《の》せているのですが、彼らには、それについての正直さがないと感じています。

マスコミ等には、「今、国師が現れて日本の国を導き、また、世界教師として、世界のあるべき姿を指し示しているのだ」ということを、きちんと伝える義務があるだろうと思います。

マスコミは〝不幸産業〟だけに浸《ひた》っていてはいけないのです。

地震や津波《つなみ》などの災害も、テレビや新聞、週刊誌等のマスコミにとっては、本当に仕事の格好の材料であり、不況期の仕事の種にしか見えないところもあるかもしれません。ただただ事実を伝えているつもりでいる人もいるかもしれませんが、うがった見方をすれば、「不幸があれば、ご飯が食べられる」というような面も、なきにしもあらずだと思います。

したがって、マスコミに対しては、「その根本原因のところを治療《ちりょう》しなければいけない」ということを教えていかなければなりません。

また、「政治のレベルにおいても、神仏《しんぶつ》の力が浸透《しんとう》していかなければならない」と私は強く思います。「政局混迷の折に、この大震災が起きた」ということの意味をよく考えるべきです。

強い信仰《しんこう》を持ち、それを「生きていく糧《かて》」とせよ

現在、困窮《こんきゅう》のなかにある人や苦労している人は、非常に大変ではあろうと思います。今後も、さまざまな試練は続きますが、その試練のなかで、どうか、強い

信仰《しんこう》を持ち、それを、未来に向けて生きていく糧《かて》、光としていただきたいと思います。

海外からも、多くの人たちが、日本の復興を願う祈《いの》りをしてくださっています。どうか、その光で世界を一つにつないでいくような努力をしていただきたいと思います。

無常《むじょう》の風に吹《ふ》かれて、この世においては何一つ確かなるものはありません。しかし、その無常の風のなかで吹き飛ばされる砂塵《さじん》のような存在である現代文明も、そのなかに一条の真理の光が通《とお》ったときには、存在の価値が明らかに現れてくるでしょう。

以上、現在の災害のなかにある日本のみなさんに、今、私が感じていることを、インドとネパールの視察を踏《ふ》まえて述べました。

もちろん、政府には、復旧作業等において頑張《がんば》っていただきたいと思いますが、「今、危機対策能力、危機管理能力のチェックをされている」と思って、ぜひ、「今後、これ以上の危機が来たときに、どうすべきか」ということを考える材料にもしていただきたいと思います。また、そうした面での提言を、幸福実現党も数多くなしていくべきだと考えています。

「未来への堅固《けんご》な国づくり」の構想は、しっかりとしたものでなければなりません。この世的な面でも、あの世的な面でも、両方から、「大事なことは大事なこと」と言い切る力を持つことが必要です。

日本が災害から復興し、また、災害をバネとして、新しい日本への気づきが生まれることを、心より祈念《きねん》してやみません。

日本のみなさんが、早く元気になり、活躍《かつやく》する日が来ることを、心より願っています。

第2章

魂《たましい》の救済について

2011年5月28日（宮城県・幸福の科学仙台支部精舎にて）

※添付の法話CDは、本章の79～93頁を抜粋したものです。

1　日本人全体への警告としての「東日本大震災《だいしんさい》」

このたびは、大変な災難であったと思います。被災《ひさい》された方々には、かける言葉もありませんが、はっきり言って残念です。

今回の東日本大震災《だいしんさい》は、千年に一回の大きな地震であったとのことですが、その千年に一回の大きなものが、「今の時代の、この地域に来た」ということは、非常に残念であると感じています。

私は、二、三年前から、東北に行くと、「光が弱いな。光が通らないな」という感じを受けていました。さらに、東北の幾《いく》つかの地域では、私自身が少しはじかれるような感じというか、入っていきにくい感じがあったのです。そのため、

「まだ仏の光が届いていないな」と、私も思ってはいたのですが、本当に残念な結果になりました。

幸福の科学の信者のなかにも、亡《な》くなられた方が何人かおられるようです。比率的には、信者で亡くなった方はかなり少ないのかもしれませんが、それでも貴重な一人ひとりの命でありますし、また、親類縁者《えんじゃ》やお知り合い、その他の被害のことを考えれば、喜んではいられません。

今回、東京から仙台《せんだい》へ向かう新幹線に私が乗っていると、郡山《こおりやま》を過ぎた辺りから何かを感じ始めました。私は太平洋側の窓際《まどぎわ》の席に座っていたのですが、郡山を通過した辺りから、太平洋の方向を見ていると、何とも言えない悲しみの波動のようなものが、毛穴を通して体に浸透《しんとう》してくる感じを受けたのです。

それは、おそらく、地元の方々や全国の人々、あるいは世界の人々の、いろいろな思いが集まっているために、そういうものを感じたのだろうと思います。

そういう意味では、今回の大震災は、本当に大変なことであり、私たちの努力が不十分であったことについては、まことに申し訳なく思っています。

日本人自体、さまざまな宗教についての信仰《しんこう》を持っている人は多いのでしょうが、そうした、「どの宗教に所属しているか」ということよりも、やはり、「正しい教えを信じていたか。帰依《きえ》していたか」ということが問われているのです。

私は、東北の人々の信仰心、宗教心が、東京などの人々に比べて一般《いっぱん》的に落ちるとは思いません。いろいろな古い伝統的な宗教に関心があったり、そういう宗教の教えに従ったりしている人は数多くいることでしょう。ただ、新しい「救済の光」が降《お》りているのに、それを「拒《こば》むもの」があり、光の入らない感じがあるのは事実だと思うのです。

その「拒むもの」を打ち破り切れなかったことについて、とても残念な気持ちでいっぱいです。

私は、こういう震災を単なる自然現象とは考えません。すべて自然現象で説明がつくのなら、宗教家など必要がないことになります。偶然《ぐうぜん》の連鎖《れんさ》だけで物事が起きているなどとは、まったく思っておらず、やはり、そこには、「裏なる事情」があるのだと考えています。

今、日本人が感じ取るべきものがあるとすれば、それは、何らかの廻心《えしん》の原理、改心の原理だと思います。つまり、「日本人全体の生き方に対する警告が、東北地方を通じてなされた」ということを感じ取るべきでしょう。

新聞の投書欄《らん》等には、「今回の震災について、天罰《てんばつ》、神罰、仏罰的な言い方をするのは、非常に不遜《ふそん》であり、被害を受けた方々に対して失礼である」というような内容のものが載《の》っていますが、これは、おそらく、唯物論《ゆいぶつろん》的、左翼《さよく》的な思想を持っている人の意見だろうと思います。

私は、物事には必ず意味があると思っているので、かすかなものであっても、そこから何かを読み取らなければならないと考えます。

今回の震災は、日本人に対して、「あなたがたの考え方は間違《まちが》っている」という警告が発されたのだと思いますし、東北地方が世界からこれほど注目を浴びたというのも、非常に珍《めずら》しいことです。

そういうことを少し考えなければならないのです。

2 信仰心《しんこうしん》を国の背骨とする「精神革命」を

宗教に対して「まず疑ってかかる」日本人

今年の五月二十一日に、私はフィリピンへ巡錫《じゅんしゃく》し、「フィリピンの横浜《よこはま》アリーナ」と言われるような会場で講演会を行いました。

フィリピンには、当時、幸福の科学の支部がまだ一つしかありませんでした（現在は二支部体制）。講演会の前日に支部も視察しましたが、借り物の建物で、五十畳《じょう》ぐらいの広さしかない所です。フィリピンの信者は、元は三百人ぐらいしかいませんでしたが、支部長を一人送ったところ、二、三年の間に一万数千人まで増えています。そのような、ものすごい伸《の》び方をしているのです。

フィリピンでは、人口の八割から九割がカトリック信者です。国民のほとんどがカトリックの信仰《しんこう》でいちおう固まっていて、みな、どこかの教会に所属しているのですが、フィリピンの支部長は、難しいことを説明しても分からないため、「とにかく、イエスが父と呼んだ存在がエル・カンターレなのだ。その人がやって来るのだ」という話をしていたようです。

そういう所で、私は四十分ほどの英語講演をしました。当日、会場に集まった六千人近くの人々のうち、約二千三百人は、おそらくカトリック信者と思われる未会員の人たちでしたが、そのなかの二千百数十人が、四十分の講演を聴《き》いたあとに当会の信者になったのです。入信率は九十数パーセントです。

それは、うれしいことではありましたが、やはり、ある種の日本との違《ちが》いを感じざるをえませんでした。

もちろん、「日本からわざわざ来た」ということに対する歓迎《かんげい》の意味も多少は含《ふく》まれていたのかもしれません。しかし、すでにカトリック系の信仰を持っている人たちが、支部長の「イエスの父がやって来る」という言葉を聞いて会場に集まり、私の四十分ぐらいの英語説法《せっぽう》を聴いて、九十数パーセントがその場で入信したわけです。

そういうところに、フィリピンという国がもともと持っている宗教的な磁場というか、信仰に対する肯定《こうてい》的な価値観というものを感じました。それは、ブラジル巡錫（二〇一〇年十一月）でも、インド・ネパール巡錫（二〇一一年二月下旬《げじゅん》

～三月上旬）でも感じたことです。

信仰心の薄《うす》い国ではそのようにはならないので、やはり、その国の宗教心のあり方というものが非常に大きく影響《えいきょう》するのでしょう。

日本には、既存《きそん》のいろいろな宗派に属している人が水面下ではたくさんいるのですが、それを表には出さずに、みな、各家庭のなかだけで信仰しているような状態です。ただ、客観的に世界の他の国の人々と比べると、日本人は、概《がい》して、宗教に対して冷たく、無視するような傾向《けいこう》を持っています。

幸福の科学の信者のみなさんが一生懸命《いっしょうけんめい》に伝道し、成果もあがっていると思いますが、もう少し信仰心の篤《あつ》い国の場合には、やはり反応の仕方が全然違います。日本の場合、「宗教に対しては、まず疑ってかかる。信じない。感動しない。無視する」というような傾向が強く出るのです。

こうした傾向は、決して誇《ほこ》らしいことではなく、恥《は》ずかしいことだと思います。

なぜなら、そこには、目に見えない世界や神仏の価値観よりも、目先のことのほうに重点を置いている生き様が表れているからです。

ただ、今回の震災《しんさい》で被害《ひがい》に遭《あ》われた方々の多くは、海沿いの比較的《ひかくてき》貧しい世帯の方々であったと思われるので、その意味では、気の毒な感じがしています。

引っ繰《く》り返った価値観を「正しい姿」に戻《もど》すのが宗教の仕事

今回、テレビのニュース等で被災地の様子が繰《く》り返し流され、その映像が世界にも配信されましたが、外国から見ると、日本中の海岸が津波《つなみ》でやられたように感じた人がたくさんいたようです。彼らには、まさに日本が崩壊《ほうかい》していく姿のように見えたのではないでしょうか。

日本は、このあたりで、国のあり方や方針を考えなければいけないと思います。

私たちは、二年ほど前（二〇〇九年）から政治活動も開始しましたが、大方《おおかた》の受け止め方としては、「宗教が政治に出ること自体が間違っている」というようなものが多かったと思います。しかし、国自体が、宗教的な精神や神仏に対する尊崇《そんすう》の念《ねん》を失っている状況《じょうきょう》のなかで、はっきりと、「そういうことが必要なのだ」と主張することは、非常に大事なことです。

つまり、「何をもって国の背骨とするか。何をもって立国するか」ということは、重要な問題であり、私たちは、聖徳太子《しょうとくたいし》以来の精神に、もう一回、立ち戻《もど》ろうとしているのです。はっきり言えば、「神仏への信仰心というものを背骨としてきちんと打ち立てた上で、この世的な繁栄《はんえい》を目指す」という国家戦略を訴《うった》えかけているわけです。

しかし、まだまだ十分には届いていません。幸福の科学も、組織としての活動が、しだいに目に見えるかたちになってきつつはありますが、まだまだ力が及《およ》ばないということに関して、恥ずかしい思い、悔《くや》しい思いでいっぱいです。

今のこの国のあり方というか、常識や価値観は、そのほとんどが、政治や教育、あるいは、ジャーナリズムがつくってきた戦後の考え方に染まって出来上がってきたものでしょうが、それを、なんとか、本来の「当たり前の姿」に戻していきたいと思っているのです。

この世的なことばかりを議論しているような現状は、本当に残念でなりません。宗教というものを迷信として片付けているのかもしれませんが、従来から私が説いているとおり、実在世界と言われる、あの世の世界こそが本当の世界であって、この世は仮の世界なのです。そうであるならば、地上の人間の考え方のほうが引っ繰り返っているわけです。

これは、やはり、廻心《えしん》の原理を働かせ、改心させることが必要です。人々の考え方を、クルッと回して引っ繰り返し、正反対のものに変えていかなければならないのです。

それが宗教の仕事であると私は考えています。

愛や慈悲《じひ》を目に見えるかたちで表すことの大切さ

幸福の科学は、一九八六年から具体的な活動を開始しましたが、初期においては、主として、真理を明らかにすることのほうに重点があり、どちらかといえば、真理の探究、あるいは、大日如来《だいにちにょらい》的側面が強く顕現《けんげん》していたと思います。

しかし、近年、二〇〇七年以降は、救済活動のほうに重点を移行させてきています。これは阿弥陀《あみだ》如来的側面です。つまり、愛や慈悲《じひ》というものを抽象《ちゅうしょう》的な言葉だけで終わらせるのではなく、実際の具体的な行動や活動として、目に見える姿で表していく方向に舵《かじ》を切っています。

活動が活発化し、目に見えるかたちになってきているため、そういう意味で、幸福の科学の存在は認識されつつありますが、いかんせん、私の思うレベルにはまだまだ届かない状況にあります。

要するに、私たちには、目に見えない「戦う相手」が、まだそうとうあるということです。価値観の転換《てんかん》というのは、非常に難しいことであり、やはり、私たちの活動は、「精神的な革命」であるのです。

私は、フィリピンでの説法《せっぽう》の翌日、香港《ホンコン》でも説法を行いましたが、そのなかで、この「精神的な革命」を遠回しに訴えかけました。

香港は、特別行政区として五十年間は従来の制度を維持《いじ》することを約束されているため、本国である中国のほうは、あまり明確に手を出せないのですが、じわじわとその影響力が出てきつつある状況です。

そのため、香港の人たちは、そのまま中国本土に吸収されるか、あるいは、資産を外国に移して逃《に》げるか、二者択一《たくいつ》で未来を考えていたようです。

しかし、私は、「香港がリーダーになりなさい。香港が、中国という国のリーダーとなり、教師として中国の人たちを教え、引っ張っていきなさい」ということを述べたのです。これは、香港の人たちには少し予想外だったようで、みな、驚《おどろ》いていました。彼らは、先ほどの二つのうちのどちらかしか考えておらず、「自分たちがリーダーになる」というようなことは考えていなかったのです。

やはり、正しいものが滅《ほろ》びてはならないと思いますし、言うべきことは言わなければならないと思っています。

現在、中国本土のみならず、香港の信者も、明確なかたちでの信仰や宗教活動は認められていないため、顔も名前も出せず、読書会員のようなスタイルを取りながら水面下で活動しています。しかし、そういう政治体制自体は間違っているので、やはり、宗教の自由を認めさせる方向に努力しなければいけません。現地の信者のみなさんは、そういう方向で頑張《がんば》っているようです。

3　仏教の原点としての「三法印《さんぽういん》」とは

あの世こそが本当の世界である

ある意味で、日本も、そうした唯物論《ゆいぶつろん》の国に近い価値観を持っているところがあるので、それについては反省が必要です。ただ、今回のような震災《しんさい》が来たことによって、宗教的な価値観に回帰する機会が与《あた》えられた面はあると思うのです。つまり、それは、仏教の原点に戻《もど》って、「諸行無常《しょぎょうむじょう》」の意味を教えてくれたということです。

「この世のもので、移ろわないものは何一つない。すべてのものは移り変わっていき、同じかたちをとどめるものはない。すべては変わっていき、変転してやまないものなのだ。何一つ、恒常《こうじょう》なるものはないのだ」という「諸行無常」の教えを、現実に見せてくれたわけです。

建っていた家が急になくなったり、今まであった仕事がなくなったり、昨日《きのう》まで元気に働いていた人がいなくなってしまったり、そういう「諸行無常」の姿を現実に見せられました。

また、「諸法無我《しょほうむが》」という教えがあります。これは、「この世のなかに、実体のあるものは何一つない。すべてのものは滅《ほろ》びていく。この世的なるものは、全部、滅びていき、そのなかに『本来の姿』というものはないのだ」ということです。「本来の姿」というのは、実在界、すなわち、あの世にしかありません。肉体も家も、その他のものも、すべて滅びていくのです。そのような、実体のないもの、蜃気楼《しんきろう》のようなものに、人々は惑《まど》わされているということです。

これが「諸法無我」の教えですが、こうしたことについても、まざまざと見せられました。

実際、釈迦《しゃか》がインドで教えを説いた時代には、雨季にガンジス河が氾濫《はんらん》すれば、粘土《ねんど》でつくられたような家は、おそらく、あっという間に流されてしまったでしょう。それから二千五百年たった現代でも、津波《つなみ》で家ごと流されてしまったり、あるいは、船が家の屋上に乗ったりしている姿を見たわけです。

これは、今、仏教の原点に戻っているのだと思います。

さらに、「あの世の世界は、寂《じゃく》として、澄《す》み切った世界である」という「涅槃《ねはん》寂静《じゃくじょう》」の教えがあります。こうした、あの世の「悟《さと》りの世界」に憧《あこが》れる教えが、今、求められているのだと思います。

私は、現在、「鎮魂《ちんこん》」を兼《か》ねて、仙台正心館《せんだいしょうしんかん》という精舎《しょうじゃ》を建立《こんりゅう》しようと考えていますが、それによって、多くの人々を、この涅槃寂静の世界に導きたいのです。

つまり、「実在界において、安らいだ心、平和な心で、人々が暮らせるように」

との願いをこの精舎に込《こ》めようと思っています。

「この世の世界だけがすべてだ」と思えば、この世のものが失われた段階で、その人の幸せは崩壊《ほうかい》してしまい、二度と取り返せないことになります。しかし、「実在の世界がある」ということならば、その実在の世界で幸福になる方法を身につけると同時に、この世において、そのための準備をすることが大事になります。

そういう意味で、仙台正心館を建立し、東北の人々に、そのような精神的な価値を学んでいただけるチャンスを数多くつくることができれば幸いであると考えています。

私は、この世的な発展の教えもずいぶん説いていますし、政党活動等を行ったり、国のあり方についてさまざまな言論を主張したりもしていますが、やはり、「魂の救済」が本来の仕事です。

実在界こそが本当の世界であり、最終的には、死後、幸福な世界に辿《たど》り着くことが大事です。そして、そこに辿り着くための、この世での生き方を説くことが仕事の中心なのです。

「一日一生」の生き方が仏教の基本

それでは、そうした涅槃寂静の世界に至るための生き方とは何でしょうか。

そのための第一歩は、最初に述べたように、廻心《えしん》の原理です。この世的な価値観に完全に支配されている頭をクルッと回転させて、神仏の側から見た価値観に合わせなければいけません。人間のほうが、神仏の考える価値観に合わせなければいけないのです。「この世的なものに執着《しゅうちゃく》しすぎてはならない」ということが出発点です。

そのあとに、反省や祈《いの》り等、さまざまな修行《しゅぎょう》もあると思います。

今回のような巨大《きょだい》な地震や津波等で亡《な》くなった場合には、ほんの一瞬《いっしゅん》のことなので、おそらく、心の準備もできなかったであろうと思われます。しかし、仏教の伝統的な考え方によれば、「死というのは、ある日突然《とつぜん》やって来るものであり、事前に準備ができるようなものではないのだ」ということです。

つまり、「ある日突然、潮が満ちてきて、満ち潮に連れ去られていくように、この世から連れ去られていくのだ」というのが、仏教の基本的な考えなのです。

したがって、一日一生の気持ちで、「日々、今日で命が終わってもよいような生き方をする」ということが大事です。「朝《あした》に真理を知れば、夕べに白骨になっても構わない」というのが、仏教の考え方なのです。

そういう真理を簡単なかたちで教えていくことが大事です。

今回の震災等を見ても、「この世で得たものは、何一つ、死後の世界には持って還《かえ》れない」ということが、はっきり分かったと思います。

家も、財産も、家族などの人間関係も、仕事も、持って還れませんでした。持って還れたものは、本当に心一つだけだったと思われます。

その心がどうであったかは、日々の積み重ねであるため、ある意味で、いつも死の準備をしていなければいけないのです。

ソクラテスという哲学者《てつがくしゃ》は、「哲学とは死の練習である」と述べていますが、それは、ある意味で仏教とよく似た考えであると思います。

「いつ死んでもよいような心境に、日々、自分を置く」ということが仏教のあり方なので、幸福の科学の信者のみなさんが人々に伝道をする際にも、「いつ死んでもよい心境」になれるような真理を、明確で単純なかたちで教えることが大事です。

4　震災《しんさい》で亡《な》くなった方々へのメッセージ

謙虚《けんきょ》に真理を学んでほしい

前述のとおり、今回のような震災《しんさい》においては、おそらく、十分な心の準備もできず、あっという間に亡《な》くなった方が数多くいると思います。

突如《とつじょ》、水に呑《の》み込《こ》まれたり、家が押《お》し潰《つぶ》されたりして、ものすごい衝撃《しょうげき》と共に一瞬《いっしゅん》で意識を失ってしまったケースが多く、まだ迷っている方が、おそらくは万の単位でいる可能性が高いと思うのです。

そこで、私は、生きている人だけではなく、亡くなった方々に対しても、述べておきたいと思います。おそらく、本章を読んでおられるみなさんを通じて、間接的に、縁《えん》のある方々に内容が伝わっていくはずです。

まず申し上げておきたいのは、
「この世は、最終的なすみかではない」ということです。
そのことを、よく知っていただきたいのです。
この世を去った世界が、実は本当の世界なのです。
今、あなたがたは、悔《くや》しい気持ちや、
死んでも死に切れない気持ちでいっぱいであろうとは思いますが、
それでも、そちらの世界が本当の世界なのです。

あなたがたは、その本当の世界において、
自分の人生を再設計しなければなりません。

指導霊《しどうれい》や光の天使、あるいはお坊《ぼう》さんのような存在が、
あなたがたのもとにやってくると思うので、
この世での教育で得た知識やマスコミの情報などはいったん横に置き、
どうか、心を開いて、彼らの言葉を素直《すなお》に聴《き》いてください。
これは、嘘《うそ》や偽《いつわ》りで言っているわけではありません。
必ず救済の手は伸《の》びているはずです。
彼らの言葉や助けを拒絶《きょぜつ》していたら、
いつまでたっても苦しみのなかから逃《のが》れることはできません。
だから、心を開いてください。

そして、「この世の世界は、本当の世界ではない。
執着《しゅうちゃく》を捨てなければ幸福になることはできないのだ」

ということを知ってください。
これは、昔から「解脱《げだつ》」と言われているものです。
この世に縛《しば》られた状態では、
本当の心の自由、魂《たましい》の自由を得ることはできません。
この世は本当の世界ではないのです。
家族や仕事や会社など、いろいろなものに対して
執着がたくさんあるだろうとは思います。
しかし、遺《のこ》された人たちは遺された人たちで、
人生の再建をなしていかなければならないのですから、
あなたがたはあなたがたで、
自分たちの道を拓《ひら》いていくときが来ているのです。

生前、真理の勉強はしていなかったかもしれませんが、
死後の世界は、私が説いているとおりの世界です。
私の本を一冊も読まなかった方、
私の説法《せっぽう》を一回も聴かなかった方には、
届いていない真理かもしれませんが、
あなたがたの縁故者《えんこしゃ》が、真理の本を読んで学習したり、
説法を聴いたり、お経《きょう》を読んだり、
いろいろな努力をされていると思いますので、
それを通じて、あの世の世界でのあるべき姿を、生き方を、
どうか、学んでいただきたいと思います。

あなたがたは、急激なショックのなかで、

他罰《たばつ》的な、人を責める気持ちでいっぱいだろうと思いますが、
私はもう二十五年間も伝道を続けているのです。
実は、救いの手はすでに伸びていたわけです。
私は千五百回以上の説法をしていますし、
本も内外併《あわ》せて七百冊以上出しています。
真理を勉強しようと思えば、そのチャンスは数多くあったはずです。
また、月刊誌等の布教誌《ふきょうし》は、毎月ものすごい数が出ています。
したがって、どこかで必ず幸福の科学との縁はあったはずですが、
「今は、そのときではない」と思って、
この世のことにかまけていたために、現在の苦境を招いているのです。
どうか、謙虚《けんきょ》になって、真理を学んでください。

その出発点は、先ほど述べた、廻心《えしん》の原理です。
心をクルッと回転させて、神仏のほうに向けなければいけません。
この世は仮の世であり、あの世が実在の世界なのです。
あなたがたは、今、実在の世界に還《かえ》ったのですから、
何も後悔《こうかい》することはないのです。
そちらの世界で幸福になることが、本来の生き方であって、
この世は魂の修行《しゅぎょう》の場であり、
何十年か肉体を頂いて修行していただけなのです。
そういう価値観を受け入れていただきたいと思います。

「成仏《じょうぶつ》」するために必要な反省のポイント

反省の原理については、

あまり難しいことを言うと気の毒なので、簡単に述べておきます。

①　貪欲《とんよく》を去る

この世が本当の世界でないならば、
この世的なもの、この世で値打ちがあると思われていたものに、
あまり執着してはいけません。

執着というのは、
あるものに心が奪《うば》われて、それ以外のことを考えられなくなる状態です。
そういう執着があったならば、それを捨てなければいけないのです。
貪欲《とんよく》の心、つまり、この世のものに対して
「あれが欲しい」「これが欲しい」というような強い思いが残っていたら、
やはり、成仏《じょうぶつ》しづらいのです。

あの世に還ったら、ご飯を食べなくても死にません。

「もう何日も食べていない」と思っている人もいるでしょうが、あの世では、魂になっているので、ご飯を食べなくても人間は死にはしないのです。

それから、家も必要ありません。

家がなくても生きていくことができます。

暑さや寒さも、本当はありません。

心の作用によって、そのように感じているだけです。

さらに、霊になったら、
水のなかでも、窒息《ちっそく》して死ぬようなことはありません。

水のなかだろうと、空中だろうと、生きていくことができます。

したがって、貪欲を去ることが大事です。

② 怒《いか》りを捨てる

あるいは、欲求不満や怒《いか》りが込み上げてきて
しかたがない方もいるでしょう。
自分が助からなかったことに対する悔しさや、
救援《きゅうえん》が遅《おそ》かったこと、
家族が助けてくれなかったこと、
隣《となり》近所の人や友人等が助けてくれなかったことへの
恨《うら》み心もあるかもしれませんが、
そうした怒りの心を、どうか収《おさ》めてください。
そういう怒りの心を持っていては、幸福になれないのです。

あなたがたは、本来の世界に還ったのですから、
心を入れ替《か》えて、本来の世界での生き方を目指してください。
今、生き残った人々も、
いずれ何年後か何十年後かには、この世を去ることになります。
みな、同じような経験をするのです。
この世を去る時は、それぞれの人に順番にやって来るのであり、
この世でいつまでも生きることはできません。
したがって、この世での生活を奪われたことに対して
怒りを持ったとしても、損をするのは自分自身です。
人を恨んだり、その他のいろいろなものを恨んだりしても、
自分が苦しいだけなので、
怒りを捨てることが大事です。

③ 宗教に対する悪意を反省する

それから、真理を知らなかったために、
今、ご自分が迷っているのであれば、
その点については謙虚に反省してください。
例えば、生前、宗教に対して悪意を抱《いだ》いていなかったでしょうか。
また、あなたがたに、真理への誘《いざな》いをしたり、伝道をしたり、
あるいは月刊誌を配ったり、いろいろなことをしていた人がいたはずですが、
そういう人たちをばかにしたり、軽蔑《けいべつ》したり、
嘲笑《あざわら》ったり、いじめたりしなかったでしょうか。
もし、そのような経験があったならば、
この際、静かに反省してください。

あなたがたは、善意でもって接してくれていた方々を誤解していたのです。
そのことに対して、「申し訳なかった」と思うところから、救済は始まっていきます。
あなたがたへの助けが始まるということです。

④　この世的な慢心《まんしん》から離《はな》れる

さらには、この世的な意味での慢心《まんしん》はなかったでしょうか。
例えば、「自分は資産家である」とか、「名家《めいか》の出である」とか、
あるいは、「職業的にとても偉《えら》い」とか、
「いい大学を出ている」とか、
「美人である」とか、

「権力がある」とか、
この世的に自慢するようなことはたくさんあったと思います。
そうした慢心も、
ある意味では、すべて、この世への執着にしかすぎないのです。
要するに、この世的なものとの親和性が高すぎるということです。
もし、「この世的な評価を得られることが、
自分の幸福だ」と思っていたならば、
そういうものとは少し距離《きょり》を取って、
謙虚になることを学ぶ必要があります。

⑤ 疑いの心を捨て、素直《すなお》に心を開く

遺された人たちも、

これから再建に向けて努力しなければならないと思いますが、
亡くなられた方々は、
どうか、今、述べたような簡単なポイントをよく自覚してください。
そして、あの世での救済活動も始まっているので、
どうか、疑いの心を捨てて、
素直《すなお》に心を開いていただきたいと思います。
私たちは、善意から、そういう活動を続けているのです。

そのことを述べておきたいと思います。

5　宗派を問わず、すべての人を救済したい

魂《たましい》の救済に関して、幸福の科学は、宗派を問わず、すべての人々を救済することを目指しています。

実際、インドに巡錫《じゅんしゃく》したときには、ジャイナ教徒やヒンズー教徒、仏教徒など、いろいろな人々が集まってきましたし、キリスト教国に巡錫したときにも、クリスチャンたちが集まってきて、真理にきちんと耳を傾《かたむ》けてくれました。

宗派など関係がないのです。そういうものは、この世の人間がつくった一種の組織の違《ちが》いにしかすぎず、言ってみれば、会社の違いのようなものなのです。つまり、「どの会社が正しくて、どの会社が間違っている」というようなものでは

ないのです。

宗派の違いは、あくまでも地上の人間の住み分けの問題にすぎないため、幸福の科学は、すべての人々を救済の対象にしています。

したがって、今まで信仰《しんこう》していた宗教等で救われない人がいたら、亡《な》くなったあとからでも構わないので、どうぞ、幸福の科学に救いを求めてください。そして、大川隆法の名を呼んでください。あるいは、エル・カンターレの名を呼んでくださっても結構です。それが、現代においては阿弥陀如来《あみだにょらい》の代わりになるものです。その名を呼んでいただければ、救済の光は必ず降《お》りてくるはずです。

私は、この東日本の地が、幸福の地に変わることを祈《いの》っています。

かつて、阪神《はんしん》・淡路大震災《あわじだいしんさい》で神戸も壊滅的《かいめつてき》な被害《ひがい》を受けました。それは、二度と立ち上がれないほどの被害のようにも見えましたが、三年もすると、神戸は、非常に元気で立派な町に生まれ変わりました。震災の被害など跡形《あとかた》もないほどに復活しました。

おそらく、東北地方もそうなると思います。三年もたてば、震災の爪痕《つめあと》など一切《いっさい》ない、元の元気な姿に復活することを信じてやみません。

現時点での苦しみについてあまり考えすぎることなく、「時間がたてば解決するものだ」と思って、自らの救済に邁進《まいしん》していただきたいと思います。

第3章 逆境の中の希望

2011年5月29日（岩手県・幸福の科学奥州平泉支部精舎にて）

1　東日本大震災《だいしんさい》を振《ふ》り返って

間違《まちが》っていなかった「三月二十日《はつか》の判断」

このたびの東日本大震災《だいしんさい》においては、信者のみなさんのご家族、あるいは、ご親戚《しんせき》、ご友人、お知り合い等には、いろいろと苦労された方、不幸な目に遭《あ》われた方もおられるだろうと思います。まことに残念なことであると考えています。

ただ、今回の震災に関して、幸福の科学の対応はわりあい冷静でした。阪神《はんしん》・淡路《あわじ》大震災のときには、かなりのショックがあって、ものすごく慌《あわ》てた部分もあったのですが、今回は、三月二十日《はつか》の段階で、私のほうから、「まだ余震は来ますが、今回の大きなところは、もう終わりました。今後は通常業務に戻《もど》ってください」と、全国に発表したのです（法話「不滅《ふめつ》の信仰《しんこう》」にて）。

その時点で、世間は、まだまだ騒《さわ》いでいましたが、「今後は、着々と復旧作業をし、人々の心を立て直していくのみである。そして、日本全体の舵取《かじと》りの方向性、および、未来ビジョンをはっきりさせていくことが大事である」と考えていました。この私の判断は大きく間違《まちが》ってはいなかったと思っています。

信仰心《しんこうしん》の高まりが「奇跡《きせき》」を起こした

信者のみなさんは救済活動にずいぶん慣れていますし、いろいろな救済活動等を自発的にどんどん行《おこな》った人も多くいて、今回はかなり助かりました。

また、阪神・淡路大震災のときとは違い、教団の信仰心《しんこうしん》もずいぶん高まっていたので、かつてはなかったような奇跡《きせき》も数多く起きました。それについては、別途《べっと》、小冊子や月刊誌等で報告しているとおりです。

ちなみに、仙台《せんだい》支部精舎《しょうじゃ》で法話をしたとき（本書第2章に収録）、質疑応答で最初に質問したのは、津波《つなみ》に襲《おそ》われながらも生き残った人でした（本書第4章の第2問として収録。月刊「ザ・伝道」別冊・愛と感動の体験集「東日本大震災、信仰の奇跡。」参照）。

「私は、津波に呑《の》み込《こ》まれそうになりましたが、奇跡的に助かりました。そのことを感謝申し上げたくて、質問させていただきました」という人が最初の質問者として出てきたのです。きちんと背広を着ていたので、ホッとしました。もしかしたら借りてきたのかもしれませんが、そのように、津波に遭《あ》っても助かって、喜んでいる人もいるのです。

今回は、不思議なことに、「津波が、当会の会員の多い所を避《さ》けていく」という現象が起きました。自分で言うのも変ですが、やはり、私は嘘《うそ》を言っていなかったのです。

以前の講演で、「もし、われを信ずる者、百人あらば、その町に、壊滅的天変《かいめつ》地異は起きまい」と述べたとおり（『宗教選択《せんたく》の時代』〔幸福の科学出版刊〕第8章参照）、今回、津波が、信者の集中している所を見事に避《さ》けているので、少し不思議な感じがしています。

例えば、その地域全体が津波にやられていても、信者が百三十人いる所だけはほとんど被害《ひがい》がなかったり、信者の家の周辺だけ、円を描《えが》くように、まったく被害のない空白地帯があったり、信者の家の玄関《げんかん》近くまで来た津波が、直前で反転していったりするなど、奇跡がいろいろ起きているのです。まことに不思議なことです。

信者のみなさんにも手慣《てな》れたところがあって、修法《しゅうほう》「エル・カンターレ ファイト」［注］を行《ぎょう》じながら、山に向かって走っていったりしたそうですから、「本当に大したものだ」と思いました。ただ、走りながら行じることができるのかどうか、少々不思議でもあったのですが、「『エル・カンターレ ファイト』を行じながら、山に向かって走っていったら助かった」など、さまざまな体験談を聞かせていただきました。

このように、信者のみなさんの信仰心の高まりは、阪神・淡路大震災のときの比ではなかったようです。被害者の数として見れば、当会の信者も、数百人から千人ぐらいは亡くなっていてもおかしくないくらいの震災だったのですが、そこまでの被害はありませんでした。

もちろん、家をなくした方、自動車を流された方など、いろいろと被災した方もいます。また、信者のうち何十人かの方は避難《ひなん》しています。しかし、「信者全体を見ると、確率論的には、普通《ふつう》の人の一パーセント程度の被害も出ていないのではないか」と思うので、「信仰による、何らかの護《まも》りがあった」と考えてよいのではないでしょうか。

東北は、はっきり言って、まだ、「エル・カンターレ信仰が根づいている」とは言えないレベルではあります。もちろん、東北の人に信仰心がないわけではありません。本法話を行《おこな》った平泉《ひらいずみ》近辺も、信仰のある土地柄《がら》ではあります。ただ、「エル・カンターレ信仰がそれほど根づいている」とは言いがたいのです。

しかし、そういう地域であっても、かなり護られたので、今後、日本全国や海外においても、「さまざまな奇跡による防衛は起きるだろう」と考えています。

私も、外部の人と会ったとき、今回の震災について、「会員さんの助かり方がすごいですね」という声をかなり聞きましたし、「今なら、銃弾《じゅうだん》を撃《う》たれても、弾道がねじ曲がるのではないですか」というような、うれしいのかうれしくないのか分からないようなことも言われました。会の外からは、そのように見えるぐらい、何か、時空間をねじ曲げる力が働き始めている感じがします。

「宗教で、今、奇跡が起きるとしたら、それは当然、幸福の科学である」という感じになってきているようなのです。

2 逆境の際にとるべき考え方とは

何を学び取り、何を「未来への指針」とするか

本章は「逆境の中の希望」というテーマですが、今回の震災《しんさい》について、確かに、マスコミ等は被害《ひがい》のほうを中心的に報道しているため、それだけを見ると非常に厳しいものがあります。特に、海外の人々には、何か日本国中が津波《つなみ》に洗い流されてしまったような感じにも見えるようです。

しかし、実際のところ、二万数千人もの死者および行方不明者は出ましたが、一億二千万以上の人々には被害がなかったわけなので、助かった人々のほうを考

えれば、「ありがたい」という考え方もできるでしょう。

したがって、すでに起きたことについては、あまり自分を責めすぎてもいけないし、他のものを責めすぎてもいけません。やはり、そこから最良のものを引き出し、「教訓は何であるか」を学ぶことが大事であると私は思うのです。

いろいろな悲劇、災害、不幸等は起きますが、最後は受け入れなければならない運命もあるでしょう。大事なことは、「そこから何を学び取るか。何を未来への指針にするか」ということなのです。

自然災害から「天意」を読み取る

私も、学生時代等に、なかなか思うようにいかないことが多かったのですが、そのときに、下村湖人《しもむらこじん》という小説家が書いた、東北地方のリンゴ園経営者の話（「非運に処する道」）を読みました。これについては、以前も話をしたことがあります（『勇気の法』〔幸福の科学出版刊〕第2章「挫折《ざせつ》に耐《た》える力を」参照）。

それは、「リンゴ園が台風に襲《おそ》われ、たわわに実った収穫《しゅうかく》前のリンゴが、ボタボタ落ちてしまって収穫できない」ということが起きたときの話です。大部分の人は、そのような目に遭《あ》うと気落ちするものです。「大自然の力には勝てないのか」と思い、がっくりきて、悩《なや》むでしょう。

しかし、そのなかにあって、「いや、リンゴが吹《ふ》き落とされるのは天意にかなっていないからだ。台風が来ても、天意にかなったリンゴなら、必ず梢《こずえ》に残る。現に、どんなにひどい台風にも吹き落とされないリンゴが、必ず幾《いく》つかあるではないか」というように、考え方を変えた人の話を若いころに読んで、心を打たれたことがあるのです。

自然の災害そのものはどうすることもできないかもしれません。しかし、人智《じんち》、人力《じんりょく》によってできること、自分の力でなしえることは、やはり、努力してやっていくことが大事です。

例えば、〝落ちにくいリンゴ〟も、つくろうと思えば、つくることはできます。頑張《がんば》って品種改良をし、つくり方を工夫すればよいのです。

同じように、私たちも、いろいろな苦難や困難に遭うことはあります。ただ、それが現実に起きたことであったとしても、「それを、どのように受け止め、どのように乗り越《こ》えていくか」ということは、やはり、各人に任されていると思うのです。

今は、ある意味で、東北の人の特性の一つでもある〝打たれ強さ〟のようなものを、もう一段、長所として見直すべきときではないでしょうか。

東北は、牛のごとく動きの遅《おそ》い地域ではありますが、同時に、打たれ強いところもあって、しぶとい雰囲気《ふんいき》を感じます。関西のほうから見れば、そのように見えたりもします。したがって、「東北の人たちは、打たれ強さを強みにして頑張ることが大事である」と考えています。

自国に起きる災害を「勉強の機会」として生かす

今回の地震は、マグニチュード9・0という、現代に生きている人がほとんど経験したことのないような大きなものではあったのですが、スマトラ島沖《とうおき》など、ほかの国で起きたさまざまな地震については、「すごい地震で大変だな」とは思いつつも、それほど身につまされなかった人が多かったのではないでしょうか。

ところが、津波にしても、地震にしても、あるいはハリケーンにしても、ほかの国に起きたときはそれほど感じなかったのに、自分の国に起きると、ずいぶん感じるところがあるものです。そういう意味で、やはり、「勉強の機会が与《あた》えられているのではないか」と思います。

アメリカも、最近、竜巻《たつまき》で三百数十人の方が亡《な》くなっています。これも戦後最大級の被害のようですが、今回の大震災のように、死者および行方不明者が二万人以上に上るような大津波《おお》を経験すると、「三百五十人ぐらい亡くなった」と聞いても、何となく、「あ、そう」というような感じになってしまう人が多いのではないでしょうか。ただ、それは、地元の人から見れば、大変な数ではあるのです。

そのように、自分のところに起きた不幸な出来事については、大きく感じるものではあります。

今こそ「日本の底力」を見せよう

これからは、日本の底力を、もう一度、お見せする時期でもあるでしょう。

今、いろいろな所から、東北に視察に来ているとは思いますが、東北の人たちの大部分は淡々《たんたん》とやっているようです。また、仙台《せんだい》でも、中心部にはあまり被害がなかったようです。

むしろ、東京など首都圏《けん》の不安感のほうが大きかったかもしれません。「次は、首都のほうに、何か起きるのではないか」「原発問題等の被害が来るのではないか」などという恐《おそ》れが強くありました。

今後の復興については、政治手腕《しゅわん》、行政手腕が問われるところであり、それについては、私たちも言うべき意見は言っていくつもりです。

もちろん、宗教の部門としては、あくまでも、個人の魂《たましい》の救済、および人生の再建のほうに重点を置かねばならないでしょう。

ただ、あえて言うとすれば、今、東北には、自力を発揮すべきときが来ているのではないかと思います。地方の人たちには、どちらかというと、中央頼《だの》みのところがずいぶんあったでしょう。しかし、今、東北の人たちが、自分たちで知恵《ちえ》を集めて、「新しい未来を創《つく》っていこう」と、決起すべきときが来ているのではないでしょうか。私は、そのように感じるのです。

東京にいると、今回の震災については、海岸沿いの報道ばかりを見聞きします。そのため、東北の都市部に住んでいる人たちが普通《ふつう》の生活をしていることさえ、想像がつかないことが多いのです。「東北では、いろいろな産業の製品や農産物等が、みな同じく災害のなかにあって、大変なのだろう」というように想像してしまっています。

先日も、中国の首相が来日して、「山形県産と山梨《やまなし》県産の農産物については、輸入を解禁する」などと言っていましたが、ピンボケもいいところです。両県は、震災とはまったく関係のない地域です。ただ、それぐらい、同じに見えてしまうところがあるわけです。

したがって、東北は、もう少し、元気なところも情報発信しなければいけないのではないでしょうか。

神戸も被災したときは大変でしたが、三年たったら、ピカピカの町が再建されていたので、今はつらくとも、三年もすれば、全体に、また立派な町づくりができてくると信じています。

日本の復活力はそうとうなものです。幸福の科学としても、何らかのお手伝いができれば幸いであると考えています。

3　幸福の科学が世界に広がらなければならない理由

フィリピン・香港《ホンコン》巡錫《じゅんしゃく》で示した「日本の自信」

私たちが、今、学ぶべき教訓は、「まだ伝道が十分ではなかった」ということです。この点は教団として反省すべきであると思います。つまり、真理をきちんと宣《の》べ伝えることが、まだまだ不十分であったということです。

実は、国内でもそうですし、海外もそうなのですが、「エル・カンターレ信仰《しんこう》」を明確に打ち出した所ほど、会員数は伸《の》びています。逆に、それをはっきり打ち出せなかった所は、会員数の伸びが十分ではないのです。

第２章でも述べたように、私は、今回、フィリピン・香港《ホンコン》巡錫《じゅんしゃく》を行いました。日本が、海外の報道等で震災《しんさい》ばかりを取り上げられ、騒《さわ》がれているときに、日本の宗教団体のトップが、あえて震災のことについてはまったく触《ふ》れず、フィリピンや香港の人たちの「魂《たましい》の救済」について英語講演をしたわけです。

これは、現地の人にしてみれば、ある意味で、日本の自信のようなものを見せつけられたことでしょう。

アジアの国々には、日本が没落《ぼつらく》したら、希望も一緒《いっしょ》になくなるように思っている人も多いのですが、「そんなことはありません。海外まで救うぐらいの気力は、まだまだありますよ」ということを示してきたのです。

フィリピンでは、信者ではない一般《いっぱん》の人だけでも、約二千三百人が来場しましたが、私の約四十分の英語説法《せっぽう》を聴《き》いて、九割以上の人が信者になってくれました。これは記録的な数字です。

このように、「日本全体がパニックに陥《おちい》り、政府に信頼《しんらい》がなくなって、外国からの信用が落ちているときに、日本から海外に宗教家が行き、大規模な講演会を開いて積極的に伝道する」ということには、ある意味で、逆コースではありますが、「日本は、まだまだ、こんなものではありません。底力がありますよ」ということを、PRして回ったようなところがあると思うのです。

また、香港で、私は、「香港は、次の時代の中国のリーダーたるべし」ということを述べてきました。香港の会員も一般の人も、「中国と同一化していくなかで、五十年以内に中国本土に吸収されるか、あるいは、財産を持って海外へ逃《に》げるか」ということばかり考えていたようですが、「リーダーになれ」と言われて、ハトが豆鉄砲《まめでっぽう》を食ったような顔をしていました。

このように、「海外の人たちに道を説《と》くことができる」というのは、やはり、うれしいことです。

〝数値信仰《しんこう》〟に陥《おちい》っている日本

それにつけても、「幸福の科学が日本国内で一定の力を持っていることが重要である」と思います。日本には、唯物論《ゆいぶつろん》、無神論に傾《かたむ》く傾向《けいこう》がありますが、唯一、信仰《しんこう》があるとしたら、それは〝数値信仰〟です。日本は、数字に対する信仰だけはあって、選挙であろうと、それ以外のものであろうと、すべてについて、統計的に数字で判断する傾向が出ています。

そうであるならば、やはり、私たちも、ある程度、数字的なものも出していかなければいけないと思います。「信じる人が増える」「本などを読んでくれる人が増える」「映画を上映したら、たくさんの人が見てくださる」等、数字的な実績がきちんと出てくれれば、日本人の多くは認めざるをえなくなるでしょう。

日本には、そうした〝数値信仰〟というものがあって、これが最も強いような気がします。日本人は、本来、気分やムードで動いていることが多いのですが、数字として出たものに対して、それを信仰する傾向が非常に強いので、やはり、その部分を固めていくことが大事なのではないかと思います。

逆境に強い〝七転び八起き〟型の宗教が求められている

幸福の科学という宗教は、いろいろな面を持っているため、「説明が難しい」と思うところもあるでしょう。

しかし、私は、はっきり言って、「当会は逆境に強い宗教である」と思います。

非常に打たれ強いというか、なかなか粘《ねば》り強いところがあって、〝納豆腰《なっとうごし》〟です。それほど甘《あま》くはない、なめてはいけない宗教なのです。

殴《なぐ》っても殴っても、こんにゃくを殴っているようで、きりがありません。すぐに力を戻《もど》してきます。必ず、元よりも強くなって戻ってくる宗教です。

その意味で、私は自信を持っています。幸福の科学は、ある意味で、失敗しても立ち上がってくる〝七転び八起き〟型の宗教なのです。

したがって、当会には、失敗のなかから教訓を学び、もう一度、立ち上がってくる力がそうとうあります。また、信者の人たちにも、そうした傾向が出てきていると思います。当会は、一直線の単純な成功のみを説く宗教ではないのです。

幸福の科学の教えは、「智慧《ちえ》」というものを介在《かいざい》させていくため、世界で流行《はや》っている「引き寄せの法則」のように、「幸福が、ただただ引き寄せられるのだ」というような単純な教えではないわけです。

宗教に対して複雑に考えすぎる日本人

幸福の科学は、今、キリスト教国、仏教国、そして、イスラム教国へと、救いの手を伸ばそうとしつつあります。

仏教国については、私は、数カ月前（二〇一一年二月下旬《げじゅん》～三月上旬）、インド・ネパール巡錫を行い、そうとう大きな反響《はんきょう》がありました。また、昨年（二〇一〇年十一月）のブラジルや今回のフィリピンといったカトリック国への巡錫でも、やはり、そうとうの支持を受けました。

これを見れば、当会の教えが、仏教国でもキリスト教国でも通用することが分かります。「日本国内で説いていることが、外国でも本当に通用することが実証された」ということは、「教えとして普遍性《ふへんせい》がある」ということです。

あとは、死刑覚悟《しけいかくご》でイスラム教を折伏《しゃくぶく》するかどうかが、次の課題として残っています。ただ、真理というのは強いものなので、この世の人間がつくったシステムや制度、法律を破っていく力はやがて出てくると思います。

実は今、イスラム教国にも、ひそかに信者が増えつつあります。イスラム教の人たちは、伝道されると、わりに簡単に入ってくるのです。

例えば、フィリピンの場合、支部長が「エル・カンターレというのは、イエスの父です」と言ったら、「ああ、そうでしょうね」ということで伝道が終わってしまうのですが、同じようにイスラム教国でも、「エル・カンターレというのは、要するにアッラーですよ」と言えば、「ああ、そうですか」ということで、だいたい伝道が終わってしまいます。

外国人の場合、「『太陽の法』に書いてあることを要約すれば、そういうことになりますよ」と言えば、それを信じて、すぐに入ってくることが多いのです。

ところが、日本人だけは複雑に考えます。日本人には、「そもそも、宗教はどうあるべきか」「宗教は政治にどうかかわるべきか」「仕事や生活と、宗教とのかかわりはどうすべきか」など、いろいろなことを複雑に考え込《こ》む傾向があるのです。

現代には、「現代の救い」が必要とされている

今は、人類が、過去最大規模の人口にまで増えてきている時期です。また、人々が、いろいろな新しい災難に出合おうとする時期にも当たっています。

そうしたときには、当然、最大級の教えが説かれなければなりません。ここを見逃《みのが》したら、神や仏は仕事をしていないのと同じなのです。

要するに、今、私たちは、「現代というのは、神仏が絶対に出てこなければいけない時期である」ということをストレートに宣べ伝えているわけです。

東北の地にも、仏教など、古い時代のさまざまな教えがあるでしょう。それは

それで尊いものであり、古さを尊ぶことも大事かとは思います。しかし、「天上《てんじょう》界《かい》には、地上の発展に合わせて指導している霊《れい》存在が確かにいるのだ」ということを忘れてはなりません。やはり、現代には、現代の救いが必要とされているのです。

仏教の現状を見るならば、そのほとんどが「葬式《そうしき》仏教」「観光仏教」に堕《だ》してしまっています。葬式仏教にあっては、魂の救済の意味が分からない状況《じょうきょう》にありますし、観光仏教にあっては、単なる非課税問題にしかすぎないようにも見えます。

私たちは、そのようなものを通り越《こ》して、今、宗教の本来のあり方を追求しているところなのです。「何とかして、日本発の大きな教え、世界的な教えを説きたい」と思っているのです。

おそらく、先の大戦は、「日本神道《しんとう》を世界に広げたい」という運動とも連動していたのだろうと推定しています。ただ、日本神道そのものは、やはり、日本固有の神々の神話から成り立っているため、海外に、日本の固有神《しん》の教えを広げるのは、なかなか難しい面があったと思います。そのため、外国の信仰を滅《ほろ》ぼして、鳥居を建てるだけの運動のようになってしまったところがあったのではないでしょうか。

しかし、今回は、きちんとした教義を伴《ともな》っています。幸福の科学では、人々に必要な教えを組み込んでいるので、それをきっちりと広げていきたいと思うのです。

今回の震災《しんさい》を機に、いっそう強い国づくりを

それにつけても、日本という国が、政治的にも経済的にも、二流国、三流国に転落せずにいてくれることは、「ありがたいことだ」と私は思います。そうした

底支《そこざさ》えがあればこそ、各国の尊敬も得られるし、伝道も容易になっていくからです。

やはり、日本を尊敬している国においては、伝道も非常に楽ですが、「日本よりも自分たちのほうが偉《えら》い」と思っている国においては、それなりに、伝道に苦労しているところがあります。

したがって、私は、この国に、もう一段の力を持たせたいと思いますし、「日本の戦後の復興は、単なるまぐれであったのだ」とは思われたくないと考えています。

日本の人たちは、今回の震災《しんさい》によって気落ちすることなく、もう一度、立ち上がって、いっそう強い国づくりを、そして強い国民性のつくり方を研究すべきです。

キリスト教国や仏教国、イスラム教国、あるいは、その他のさまざまな宗教を信じている所においても、数多くの悲劇や犯罪など、苦しみはまだまだ続いています。今、多くの人が新しい教えを待ち望んでいるのです。したがって、真理伝道のベース基地としての日本が強くなることが大事であるのです。

4 今こそ、日本に精神的な主柱《しゅちゅう》を

東北は、今、震災《しんさい》直後であるため、国内および海外の多くの方々の支援《しえん》によって復旧中です。しかし、「復旧すれば、それでよし」と考えてはいけません。さらに、逆転して、「今度は、日本以外の国々の助けになるところまで、自分たちを引き上げていかなければならない」と思うのです。

現政権は小さいほうへ小さいほうへと動いていっているので、非常に寂《さみ》しいかぎりではありますが、私は、「何とか、物事を積極的に大きく考えて前進させていきたい。今、精神的な主柱《しゅちゅう》を立てることに成功すれば、この国は、まだまだ、発展、成長することが可能である。戦後に起きた奇跡《きせき》を、もう一段、大きくしていくことは可能に違《ちが》いない」と考えているのです。

また、アジアやアフリカの国々は、日本に非常に大きな期待を寄せています。これくらいのことで日本が沈《しず》んでしまったら困ると思っている人は、数多くいるのです。そうした人たちは、日本に対して、「白人優位説の流れを超《こ》えて、『人種は平等であり、いろいろな人種に成功のチャンスがある』ということを、もっと見せてほしい」という気持ちを持っていると思います。

したがって、新しい成功モデルを、ぜひ、日本から発信していかねばなりません。

東北は、今、世界の注目を集めています。「これから一年後、二年後、三年後に、東北がどのようになっていくか」ということは、世界を教育する意味でも大事なことなのです。

物理的な意味での復旧・復興も大事です。経済的に力をつけること、政治的に立派になっていくことも大事です。しかし、同時に、こうした災害を契機《けいき》として、世界の人々に、「日本というのは、本来の信仰《しんこう》に目覚めた国、宗教や信仰心を大事にする国なのだ」ということを分かってもらえるようにしていくことが、非常に重要なのです。

5 信仰《しんこう》は最大の防衛手段

地震《じしん》や津波《つなみ》は、今後も、世界各地でまだまだ起き続けていくかもしれません。

したがって、「そういうときは、修法《しゅうほう》『エル・カンターレ　ファイト』で助かります。それが間に合わない場合は、とにかく、『エル・カンターレ』の名を呼ぶだけでも助かります」ということを伝えながら、真理を積極的に広げていきたいと考えています。

以前も述べましたが（二〇一一年四月三日、「『もしドラッカーが日本の総理ならどうするか？』講義」にて）、当会の千葉正心館《ちばしょうしんかん》は九十九里浜《くじゅうくりはま》の近くにあるため、震災当日、テレビを見ていて「九十九里浜に向かって十メートルの津波が突進中《とっしんちゅう》」という放送を聴《き》いたときには、「ああ、これはもう駄目《だめ》かな。津波が十メートルもあったら三階まで全部埋《う》まってしまうので、みな、水槽《すいそう》のなかの金魚みたいになってしまう」と思いました。しかし、その後、津波は、横にそれてくれました。千葉正心館を避《さ》けて二方向に分かれていったのです。

これは、ある意味で、うれしいことでした。「津波がまったく来なかった」というのは、やはり、ありがたかったと思います。

このように、今後、「信仰《しんこう》が強くなれば、その町は護《まも》られる」と思っていればよいでしょう。また、東北も、今回、これだけ大きな被害《ひがい》を出したのですから、「今、ここで、信仰をバシッと打ち立てておけば、最大の防衛になる。二度と、こんなことは起きない」と確信していればよいと思います。

物理的に堤防《ていぼう》をつくるとか、いろいろなインフラをつくるとか、そうしたことも、この世的な努力としては必要だと思います。しかし、もう一段、精神面での耐久力《たいきゅうりょく》をつけておく必要があるのです。「運の悪い人ではなく、運のよい人を数多くつくっておきたい」と考える次第《しだい》です。

以上が、本章のテーマである、「逆境の中の希望」ということです。

［注］幸福の科学の信者が行《ぎょう》ずる秘法《ひほう》の一つ。悪霊《あくれい》、悪魔《あくま》を退《しりぞ》けると共に、天変地異や交通事故など、危機の際に行ずると、その人の信仰心に応じた奇《き》跡《せき》が起きる。『愛、無限』（幸福の科学出版刊）参照。なお、この修法は、三《さん》帰《き》信者《しんじゃ》限定の経文《きょうもん》『祈《き》願文《がんもん》①』にも、「悪霊撃退《あくれいげきたい》の祈り」として収録されている。

第4章

救いは、すでに存在している

［質疑応答］

1 「三帰誓願《さんきせいがん》と奇跡《きせき》」の関係

【質問】今回の大震災《だいしんさい》では、世間の人々が、抑《おさ》えようのない不安に襲《おそ》われているなかにあって、私たち三帰誓願者《さんきせいがんしゃ》には、「主にお護《まも》りいただいている」という、心の底からの安心感がありました。震災で大勢の人々が一度に亡《な》くなられましたが、「三帰誓願者となり、救う側の仲間になってくださる人を、急いで輩出《はいしゅつ》していかなくてはならない」と強く感じております。

エル・カンターレ信仰《しんこう》を打ち立てようとしている今、あらためて、「三帰誓願の意義」と、「三帰誓願者は、どういう力を主より与《あた》えていただいているのか」ということを、ご教示《きょうじ》いただければと存じます。

東日本大震災《だいしんさい》で当会の信者が体験した、さまざまな奇跡《きせき》

今回の大震災《だいしんさい》において、「津波《つなみ》が家屋等をほとんど押《お》し流してしまった地域のなかで、当会の信者の家とその周辺だけを津波が避《さ》けて通った」というケースが何件もあります。地形的には、別に、そこだけを津波が避ける必然性はないにもかかわらず、地図で見ると、信者の自宅を中心にして円を描《えが》くように津波が避けているのです。

また、当会の信者が百三十人ぐらいいた地域は、周囲に比べて被害《ひがい》が最も少なかったそうです。

まさに、「こんなことがあるのか」というような状況《じょうきょう》です。あれだけの地震と津波があっても、「ほとんど被害が出ませんでした」という所があるのです。

「当会の信者数に応じて被害に差がある」という相関図を出した人がいるので

すが、本当に、信者がまったくいない所では壊滅《かいめつ》的な被害が出たりしており、かなり相関関係があると言えます。

したがって、「当会の信者を護《まも》ろう」とする霊的な力は働いていたのです。

今回、一万数千人の方が亡《な》くなり、数千人の方が行方不明になっています。

私は、被害状況に関するニュースを見て、最初のころには、「当会の信者も数百人か千人ぐらいは亡くなったのではないか」と思っていました。

ところが、あとで上がってきた情報によると、亡くなったのは二人しかおらず、行方不明が二人とのことでした（説法《せっぽう》当時。その後の安否《あんぴ》確認により、最終的に死者は八人となった）。

震災後、私が当会以外の人と話をしていたとき、その人から、「幸福の科学さんにも、かなり被害が出たのではありませんか」と訊《き》かれたことがあります。

私が、「行方不明の方が亡くなっていたとしても、四人ぐらいしか亡くなっていません。これは信じられないような数字なのです」と言ったところ、その人は呆然《ぼうぜん》として、「そうですかあ」と驚《おどろ》いていました。

私は、「津波が家の近くで反転したケースもあります」とも言いました。

また、「ある信者は、車に乗って逃《に》げていると、『車を捨てろ』というインスピレーションが下りてきたため、車を降りて土手をよじ登り、線路まで這《は》い上がったところ、地震で立ち往生していた電車があり、車掌《しゃしょう》が『こちらに来なさい』と言うので、その電車に避難しました。まもなく津波が来て、車は流され、線路も、その電車の停車地点の少し手前まで消失してしまいました。このようなかたちで助かった信者もいます」という話もしました。

その外部の人は、「うーん。それはすごいですね」と言っていました。

さらに、「当会の建物は一つも潰《つぶ》れていません。地震後も、全部、使えています」と言ったら、再度、「うーん」と唸《うな》っていたのです。

「当会は、かなり腕《うで》のよい建設会社を使っているので、建物が堅固《けんご》だったのかもしれません」と言うと、その人は、「いや、それだけではないでしょう。いくら何でも、建設会社の力だけで、『被害がない』ということはないと思います」と言っていました。

そして、その人は、「今なら、銃弾《じゅうだん》を撃《う》たれても、弾道が曲がるのではないですか。それくらいの力があるのではありませんか」とまで言っていたのです。もちろん、冗談《じょうだん》でしょうが、これでは映画「マトリックス」のような世界です。

今、当会には奇跡《きせき》がかなり起きてきていますが、今後、もっともっと力が出てくるのではないかと思います。

三帰誓願者《さんきせいがんしゃ》になると、光が強まり、奇跡《きせき》が起きやすくなる

現在、東北各地では、「津波の被害がなかった」という話を聞いて、三帰誓願《さんきせいがん》

をする人が出てきており、十人、二十人という単位で三帰誓願者が増えています。

ちなみに、幸福の科学の信者には三帰誓願者（三帰信者）と会員とがあります（巻末の「入会のご案内」参照）。

当会に入ることを望んでいる人には真面目《まじめ》な人が多く、「真理の勉強や修行《しゅぎょう》が進んでからでないと、信者になってはいけないのではないか」と思い、遠慮《えんりょ》している人が多いため、「もう少し気楽に入れるように」という理由で、三帰誓願者以外にも、会員というかたちで入会できることにしているのです。

ただ、この両者には、もともと、それほど扱《あつか》いに差があるわけではないので、会員のみなさんは、どこかで早く発心《ほっしん》し、三帰誓願者になっていただきたいと思います。

三帰誓願者になったほうが、もちろん、光は強くなり、いろいろな奇跡《きせき》が起きやすくなります。これは当然のことです。そして、救う側としての力は、もっと強化されてくるのです。

みなさんも、どうぞ、津波を追い返し、地震を封《ふう》じ込《こ》め、火事の炎《ほのお》を追い払《はら》い、弾丸の弾道を曲げてください。そうなっていただきたいと思います。

そのような奇跡がたくさん起きてくることを期待しています。

きっと、これから、もっともっとすごいことが起きます。

以前、私は、「もっと信仰心《しんこうしん》が立てば、今の百倍ぐらい奇跡が起きます」と述べました。まだ百倍までは来ていませんが、おそらく、以前に比べれば、今では十倍ぐらい奇跡が起きていると思います。

しかし、もっともっと大きな奇跡が起きてきます。ドラマチックな奇跡が起きなければ、おかしいのです。

ちなみに、某《ぼう》週刊誌の記者が映画「仏陀再誕《ぶっださいたん》」を見て、「あれは、津波を押し返す話になっているが、実際には津波が来てしまったではないか」という批判をしていたのですが、「いや、津波を押し返した所も実際にあった。信者が多くいる所にだけ津波が来なかった例が現実にある」と言っておきます。

ただ、信者で満ち満ちているわけではない所では、なかなか津波は止まるものではなく、自然現象は自然現象のままに起きたわけです。

「信仰者《しんこうじゃ》が多くなれば、この世のルール、三次元のルールがねじ曲がっていくことがある」と述べておきます。

したがって、三帰誓願者は多ければ多いほどよいのです。

三帰誓願者《さんきせいがんしゃ》こそ、この国を護《まも》る光

布施など金銭的なことを考え、「三帰誓願者《さんきせいがんしゃ》になるより、普通《ふつう》の会員でいたほうが、金銭面での負担が軽い」という理由だけで、三帰誓願者にならず、会員のままでいる人もいるかと思います。

しかし、布施は、自分にとっての修行であり、功徳《くどく》を積むことであって、何かを買うための対価ではないため、「値段が高い」と考えるようなものではありません。「目に見えないもののために金銭などを差し出す」ということによって、修行を重ね、功徳を積んでいるのです。

したがって、「お布施ができるような身分の自分になりたい。しっかりと仕事をして収入を上げたい」と考えてみてください。

また、自分自身に収入がない主婦の場合には、ご主人に対して、「あなた、もっと出世して、きちんとお布施ができるようになってください。幸福の科学の信者なら、もっと偉《えら》くなり、お布施ができる経済的余裕《よゆう》をつくってください」と言って尻《しり》を叩《たた》き、課長は部長を、部長は役員を、役員は社長を目指して頑張《がんば》るように、プッシュしなければなりません。

決してマイナス発想をしないでください。「安ければよい」というような判断をしないでください。

三帰誓願者の値打ちは高く、「この国を護《まも》る光である」と私は思っているので、ぜひ増えていただきたいのです。

会員のほうは、どんどん増えていますが、三帰誓願者のほうは、養成するのに多少の手間がかかるため、伸《の》びが少し弱く、その傾向《けいこう》は全国的にあります。しかし、ここは、光の直流が流れてくるところなので、多くなければ駄目《だめ》なのです。

三帰誓願者は、ある程度、修行の年数がたつと、いざとなったら、支部長や講師に代わって、同じような仕事ができる立場にあります。一定の法臘《ほうろう》（弟子《でし》になってからの年数）がある人には、それだけの力があるので、そういう人は数多くいたほうがよいのです。

「会員のままのほうが金銭的負担が軽い」と思っている人がいたら、そういう人には、「実際には、三帰誓願者になるほうがよいのです。こちらのほうが、あの世へ行ってから、〝お得〟です」と述べておきます。

2 奇跡《きせき》を体験した者の心構え

【質問】私は今年の三月十一日に津波《つなみ》に襲《おそ》われましたが、奇跡《きせき》を賜《たまわ》り、主にお助けいただきました（注。質問者は、本章１節で述べた、「車を降り、電車に避難《ひなん》して助かった」という事例の人物）。心より感謝申し上げます。

大川隆法総裁から、「幸福の科学では、信者の信仰心《しんこうしん》が高まってくれば、奇跡は数多く起きます」と教えられておりますが、これからは信仰による奇跡を体験する人が大勢出てくると思います。奇跡を体験すると心が変わると思うのですが、今後、私が「信仰の奇跡の実証者」として多くの人に伝道していくに当たり、必要な心構えがあれば、ぜひ教えていただきたく存じます。

生きている間《あいだ》に、震災《しんさい》による恐怖心《きょうふしん》の克服《こくふく》を

信仰《しんこう》による奇跡《きせき》は、一つの宗教的な方便として、歴史上、数多く起きてきたことなので、幸福の科学においても、必要な奇跡は与《あた》えられるでしょう。

ただ、一方では、人間的な努力も忘れてはなりません。奇跡だけに頼《たよ》りすぎて、「当たり前のことを当たり前に行う」ということを、なおざりにしてはいけないのです。その点に気をつけなくてはならないと思います。

「津波《つなみ》に襲《おそ》われても助かった」というのは、非常にありがたいことですが、おそらく、失われたものもあったでしょうし、心のなかには、それなりの精神的な傷がトラウマのように残っただろうと思うのです。

あれだけの出来事に遭《あ》うと、魂《たましい》には、通常、二千年程度はトラウマが残ります。

それは、転生《てんしょう》しても残ることが多いので、その後《ご》の転生において、恐怖《きょうふ》体験が何

度もよみがえってくることは数多くあります。そして、水を見ると恐怖心が湧《わ》いてきたり、水による事故を強く恐《おそ》れたりするようになるのです。

しかし、最終的には、本書の第2章で述べたように、「魂としての生活のほうが人間の生活の本体だ」ということを感じなくてはなりません。

震災《しんさい》という、この世で起きたことに対する恐怖心はかなりあるでしょうが、その恐怖心を増幅《ぞうふく》させて、あまりにも長く持ち越《こ》していくことは、よいことではないので、できれば、生きている間《あいだ》に、それを克服《こくふく》することが大事だと思います。

また、あなた以外にも、震災による恐怖心を持っている人は大勢いるはずです。実際には、震災そのものによる被害《ひがい》よりも、後遺症《こういしょう》として残る心の傷や恐怖心が与える害のほうが、むしろ大きいように私は思うので、そうした心のケアを行うために、宗教が活躍《かつやく》しなくてはいけないところは多いと言えます。

霊的価値観と光明思想で、悪いニュースから心を護《まも》れ

日本のメディアは、震災が発生した三月には、地震と津波を一生懸命《いっしょうけんめい》に報道していましたが、同じような映像を数多く流していると視聴者《しちょうしゃ》が退屈《たいくつ》してくるので、やがてメディアの関心は原発のほうに移動し、今度は、それはかり報道するようになりました。

こういう言い方をすると不謹慎《ふきんしん》かもしれませんが、まるで、「原子炉《ろ》が爆発《ばくはつ》し、放射線によって多くの人が死ねば、まだ原発のニュースを続けられる」ということを期待しているかのような報道が続いたのです。

今、メディアは「風評被害に対して補償《ほしょう》すべきだ」などと言っていますが、「風評被害ではない」と私は思っています。「風評など何もない。これは実体のある報道被害そのものだ」と思っているのです。

メディアは、不幸なことや悪いことに対して、ものすごく惹《ひ》かれていく傾向《けいこう》を持っています。そして、「人々が津波の映像に飽《あ》きた」と思うと、今度は、目に見えない放射線のことばかりを伝えます。その結果、人々の恐怖心だけが、ものすごく高まっていくのです。

実際に原発事故で何万人もの人が亡くなったわけではないのに、原発に関する報道には、放射線への恐怖心で人の精神をむしばむ面が、そうとうあったように思います。

これに対しては、前述した霊的価値観と、本書第3章で述べた光明思想でもって、もう一段、自分たちの心を護《まも》らなければなりません。

「神の子、仏の子」としての力強い自分を肯定《こうてい》し、積極的に生きていくことで、そういったものを、はね返していく必要があります。

それをせずに、悪いニュースばかりを真《ま》に受けていると、本当に、覇気《はき》のない、積極性、建設性のない人間になっていく可能性が極《きわ》めて高いのです。

そのようにして生きている人、すなわち、命は残ったけれども、人生において、敗残者のような生き方をしていく人を、立ち直らせていくことが、宗教にとっては大事なことなのです。

最近、「頑張《がんば》ろう東北」「頑張ろう仙台《せんだい》」などという張り紙や垂れ幕をよく見ますが、もう少し精神的な意味も込《こ》めて、そうなっていただきたいと思います。

そのためには、当会も、心のケアの部分を、もう一段、重視しなければなりません。もちろん、信者の獲得《かくとく》も大事ですが、それだけではなく、数限りない人々に対して、心の癒《いや》しを行っていくことも重要なのです。

その際、「救いは、すでに存在している」という事実を伝えることが大事です。難しく考えすぎてはいけないところもあるのです。

奇跡《きせき》的に助かったなら、その命を使って「使命」を果たしていく

奇跡《きせき》的に助かった経験をした人は、その後《ご》、人生が大きく変わることが多いものです。妙《みょう》に強くなり、ある意味で怖《こわ》いもの知らずになって、勇気のある生き方ができることもあります。

「一回、失われた命だ」と思ったら、現在の命は、儲《もう》けた命、儲かった命です。なくてもよい命を授かったのであり、もう一回、生まれたようなものです。いわば〝二回目の人生〟であり、成果ゼロでもよいのですから、もう、どこで燃え尽《つ》きても損はないのです。

毎日、命が与えられているだけでも、ありがたいことなので、「やれるだけのことをやってみようか」と考えることが大事です。そのように考えて、奮起してください。

「命を拾った」と思えば、かえって、これまで以上に頑張れることもあるので、命拾いしたことを「使命があったのだ」と肯定的に捉《とら》え、〝あったと思われる使命〟を果たしていくことが大事です。

それについては、自分でやれるところまでやれば、あとはもう、いつ死んでも悔《く》いはないでしょう。それでよいのです。それは、本当に、一億円、いや、十億円を拾ったぐらいの感覚でしょうから、〝拾った命〟を、喜んで使わなければいけないと思います。

そういうことが言えるでしょう。

3 大震災《だいしんさい》の被災者《ひさいしゃ》への接し方

【質問】私は仙台《せんだい》市内の大きな病院で看護師をしております。地域の他の医《い》療施設《りょうしせつ》が今回の津波《つなみ》で被害に遭《あ》い、機能しなくなったため、被災《ひさい》された人々が、毎日、私の病院を訪れてきます。

津波に呑《の》まれながら助かった人、家族や財産をすべて流され、希望を失った人などと接していると、彼らの心は深く傷ついており、悲しみや苦しみ、どうしようもない焦燥感《しょうそうかん》が伝わってきます。

こういう人々に対して、どのような思いを持って接していけばよいのか、教えてください。

地面の泥《どろ》を眺《なが》めるのか、夜空の星を眺めるのか

この世的な意味で、わがままを言えばきりがない面はあるだろうと思います。若いころに読んだ本ですが、デール・カーネギーの『道は開《ひら》ける』（香山晶《かやまあきら》訳、創元社刊）に、このような話が書いてありました。

ある女性の夫がカリフォルニア州の砂漠《さばく》に近い陸軍教練所に配属され、彼女もそこに引っ越《こ》したのですが、夫が演習に参加したため、彼女は掘《ほ》っ立て小屋に一人で取り残されてしまいました。猛暑《もうしょ》の上に、英語の通じない先住民しか話し相手がおらず、つらくて、つらくて、彼女は、「家に帰りたい」というような手紙を両親に出したのです。

そうすると、お父さんから返事が来たのですが、それは簡単な内容で、「刑務《けいむ》所《しょ》の鉄格子の間から、二人の男が外を見た。一人は泥《どろ》を眺《なが》め、一人は星を眺め

た」としか書かれていませんでした。

しかし、彼女は、それを見て、「これは、『考え方によって人は違《ちが》ってくる』と教えてくれているのだ」と考えました。そして、「地面の泥を眺めないで、夜空の星を眺めよう」と努力し、その砂漠地帯で、よい人生、素晴《すば》らしい人生をつくろうとした結果、それなりに道が開けたのです。

鉄格子のなかから、地面の泥を見る人もいれば、夜空の星を見る人もいます。同じ環境《かんきょう》にいても、考え方が違えば、人は違ってくるのです。

「○○が満たされれば、自分は幸福になる」という考え方をすると、きりがないところはあるので、そういう人には次のように話してみてください。

「あなたは、自分の人生が上向《うわむ》いていく方向、要するに、幸福に向いていくほうを選びたいのですか。それとも、不幸になるほうを選びたいのですか。どちらを選ばれるのですか。

不幸になるほうを選びたいのでしたら、足りざるところ、不満なところばかりを、毎日、言っていれば、間違いなく、そうなります。

ただ、自分を幸福な方向に導いていきたいと思うなら、自分に与《あた》えられたことや許されたこと、恵《めぐ》まれていることを考え、いつも、未来が輝《かがや》く方向を目指していてください。そうすれば、そのようになっていきます」

そういうことを教えていただきたいのです。

「ポジティブであること」を勧《すす》めてほしい

今のような時期に、被災地《ひさいち》では、医師も足りなければ、看護師も足りません。機材も足りません。何もかも足りず、足らないものだらけです。しかし、そういう状況《じょうきょう》のなかにあっても、やらなくてはいけないことがあるのです。

例えば、政府や役所、会社などに対して、いろいろと意見を言う人も必要です。

そういう仕事をする人も要《い》ります。東北に助けに入った人だけが仕事をしたわけではなく、そういう意見を東京で言っていた人も仕事をしていたのです。

ただ、個人個人について言えば、「星を眺めるのか、地面を眺めるのか、あなたは、どちらを選ぶのですか」という、素朴《そぼく》な問いかけに答えることが必要です。

人間は何も持たずに裸一貫《はだかいっかん》で生まれてきました。もともと何も持っていないのに、現在まで生きてきたわけです。

失われたもののことを考えると、「いろいろなものがない。不自由だ」と思うかもしれませんが、「あるもの」を数え上げれば、まだたくさんあるのです。

「放射線が怖《こわ》い」と言っても、まだ、空気が吸え、生きていられますし、食料がなくなったわけでもありません。仕事がなくなる人はいるかもしれませんが、いずれ、新たな仕事が見つかります。

震災《しんさい》で家族を失った人もいるでしょう。そのときはショックでしょうが、それでも、遺《のこ》された人たちが新しく人生設計をしていくことは可能です。

人生は何度でも練り直しが可能なので、“Be《ビー》 Positive《ポジティブ》”ということ、「肯定《こうてい》的、積極的であること」を勧《すす》めるようにしてください。その勇気が大事なのです。それを与えてあげれば、その人の〝ろうそく〟に光がともるのです。そういう力になってあげてください。

4　放射線に怯《おび》える人を安心させるには

【質問】私は、福島県に新しくできた、幸福の科学の○○拠点《きょてん》の拠点長です。

真理の伝道をしていて、「どうも光が通《とお》っていかない」と感じる地域をよく調べてみると、地域の長《ちょう》の人たちに左翼《さよく》思想の持ち主が多かったりします。

現在、私の町では、毎日、各地域の放射線量の数値が出ているのですが、「なぜ、こちらのほうは数値が低くて、あちらのほうは高いのか」と不思議に感じることがあります。これは神の光が下りているかどうかの違《ちが》いなのでしょうか。

また、母親たちには、「放射線が怖《こわ》くて、子供たちが心配だ」と言って騒《さわ》いでいる人が多いのです。そういう人を安心させてあげるには、どのような言葉をかければよいのでしょうか。

……………………

体から発散する「光の粒子《りゅうし》」で、悪しきものをはね返せ

最初の質問についてですが、そのくらいは当たり前で、別に不思議でも何でもありません。

インフルエンザが日本中で流行《はや》っていても、罹《かか》る人と罹らない人がいます。インフルエンザに罹っている人に会って、自分も罹る人と罹らない人がいるでしょう。同じくウイルスをもらっても、罹らない人は罹らないのです。罹る人の場合には、すでに罹っている人と同じようなコンディションを持っていて、同通するわけです。

ピカピカに磨《みが》いた鏡には、ほこりがたまりにくいものです。磨くことを怠《おこた》り、ほこりがたまり始めると、どんどん、汚《よご》れがたまってきます。しかし、よく磨いていれば、ほこりがはね返っていくのです。

病気ひとつをとっても、ニコニコして元気に生活している人は、非常に病気に罹りにくいところがあります。細菌《さいきん》やウイルスといった病原体はウヨウヨしていますが、それがはね返され、避《よ》けていくからです。

私は霊《れい》体質なので、それがよく分かります。インフルエンザなど、子供がよく罹る病気の場合、病原体がゾロゾロと移動し、雲のように固まりで移っていくことまで感じ取れるのですが、その人から光が出てくると、それらは逃《に》げ出していくのです。

人間に対して有害な物質についても同じです。それは、何らかの意味で、神性《しんせい》、仏性《ぶっしょう》を破壊《はかい》する機能を有しているのでしょう。したがって、それに対して〝調伏《ちょうぶく》〟

をかけなくてはいけません。迎撃《げいげき》用のパトリオットミサイルと同じで、反対のものをぶつければ、それは消せるのです。

悪しきものを、ただ受けているだけでは面白《おもしろ》くないので、逆に、光の粒子《りゅうし》を周りに発射してはいかがですか。もらうばかりでは面白くないではありませんか。光の粒子を周りに発散するのです。そうすると、ニコニコしている人には風邪《かぜ》がうつらないのと同じような現象が起きます。

放射線を怖《こわ》がってビクビクしていても、しかたがありません。気にもしないで元気に活動していると、それが、だんだん、周りにもうつっていくと思います。どうか、そのように、逆のものを発射してください。

要するに、「光の粒子は自分からも出ているのだ」ということです。

普通《ふつう》、「オーラが出ている」とよく言いますが、それは、「神の光を受けている」ということであり、天上界《てんじょうかい》から下りてきている光が体から出て、周りの人に当たるのです。そういう人に会うと、元気になったり、憑《つ》いている悪霊が離《はな》れたりし始めます。

もし、目に見えないような悪い微《び》粒子があっても、それらは、自分たちが害を与《あた》えようとしているものと正反対のものに出合うと、はじかれます。「波長同通の法則」によって、波長が同じもの同士は同通しますが、波長が同通しないもの同士は、はじき合うのです。

放射線が、人間に害を与え、病気にしようとしているものである以上、それをはじくことは可能だと思います。

どうか、体から発散する「光の粒子」の数を増やしていただきたいと思います。

明るい心、積極的な心を持てば、病気になりにくい

次に、「放射線を怖がっている母親たちに、どのような言葉をかけるか」とい

う点について、お答えします。

放射線等が原因で病気に罹る人もいるでしょう。しかし、病気に罹る人の場合には、放射線だけではなく、ほかのものが原因でも罹ります。心や体が弱っていると、どのような病気にでも罹るので、「何に罹るか」という選択《せんたく》の違《ちが》いだけなのです。

したがって、そういうものに付け込《こ》む隙《すき》を与えないことが必要です。そのためには、いつも元気でピカピカの心と体を維持《いじ》しなくてはなりません。

よく「引き寄せの法則」といいますが、まず、悪いものをはじき、引き寄せないようにすることです。そして、よいものを引き寄せるのです。そういう気持ちを持つことが大事です。

「引き寄せの法則」のブームのようなものが、今、世界的に広がっているのですが、「引き寄せの法則」は実際にあります。

そのため、「放射線について、いろいろと言われていますが、暗い心を持っていると、その影響《えいきょう》を受けて病気になったりしやすいため、それを引き寄せないほうがよいのです。それとは正反対の、明るい心、積極的な心を持っていれば、悪しきものをはね返せるので、病気になりにくいですよ」というようなことを言えば、この世的には通じやすいのではないかと思います。

そもそも、福島の地に当会の支部精舎《しょうじゃ》が数多く建たないからいけないのです。信者の数も足りません。もっと頑張《がんば》りましょう。今回の件を逆手《ぎゃくて》にとり、みなで希望を持ち、福島に支部精舎が数多く建つことを心に描《えが》きましょう。

あちこちに支部精舎が数多く建ち、地域を護《まも》っているイメージを持ってください。原子炉《ろ》など、爆発《ばくはつ》したくてもできないように、周りを取り囲んで封《ふう》じ込めるぐらいのイメージを持たなくてはいけません。「爆発などさせるものか。仏様が手で上から押《お》さえているぞ」というぐらいのイメージを持っていればよいのです。

マスコミは、原発が早く爆発してほしいような感じの記事ばかり流すので、どうもいけません。彼らは、もっと不幸を報道したくて、内心では、それを待っているのです。あれは本当に嫌《いや》な気質です。

やはり、「そんなことは願わないし、絶対に起きない」と断言しなければいけません。

今、この地に新しい拠点《きょてん》を開くのは、勇気のある、たいへん偉《えら》いことです。アフリカの密林に医療所《いりょうしょ》を開きにいった、シュヴァイツァーの心に近いようなものがあるかもしれません。

今回の震災《しんさい》を梃子《てこ》にして頑張り、福島を一大伝道拠点とし、伝道の強い県に変えていきましょう。われわれにできるのは、そういうことです。

5 「仙台正心館《せんだいしょうしんかん》」建立《こんりゅう》の意義

【質問】私は幸福の科学の仙台《せんだい》支部に所属しております。このたびの震災《しんさい》以降、大川隆法総裁より、仙台正心館《しょうしんかん》の建立《こんりゅう》をお許しいただきました。それと併《あわ》せて、仙台には日本再建祈念館《きねんかん》も賜《たまわ》ることとなりました。主の大いなる御《ご》慈悲《じひ》に感謝申し上げます。

仙台正心館については、御法話「破邪顕正《はじゃけんしょう》」（二〇一一年五月八日説法《せっぽう》）のなかで、「単なる信仰《しんこう》のためだけの施設《しせつ》ではない。地域における光の灯台である」と教えていただきましたが、仙台正心館と日本再建祈念館の二つは、霊的に、どのような役割を担《にな》っていくのでしょうか。そして、私たち地元の……仏弟子《ぶつでし》は、どのような使命を果たすべきなのでしょうか。

東北地方の人々に積極的な「光の供給」を

東日本、特に東北では、直接、今回の震災《しんさい》の被害《ひがい》を受けた人も大勢いますし、それ以外の人々も、かなりのダメージを受けていると思います。そこで、「東北地方の人々への励《はげ》ましも兼《か》ねて、まず、何らかのものを打ち出さなくてはいけない。気持ちをかたちで表《あらわ》す必要がある」と考えて、その計画を発表したのです。

はっきり言って、東北には、まだまだ真理が通《とお》っていません。支部巡錫《じゅんしゃく》で各地を回ってみて、それがよく分かりました。

幸福の科学の〝光の灯台〟は、とにかく小さいのです。小さな建物が東北各県に何カ所かずつありますが、東北地方の県民意識から見たら、幸福の科学は、まだまだ、全然、目のなかに入っていません。

このような状態ではいけないので、まずは、北の首都とも言うべき仙台《せんだい》に、少しは目立つものを建てる必要があります。東北の人は、ときどき仙台に集まってくるのでしょうから、そこに目立つ建物を建て、「幸福の科学、存在せり」というところをお見せしなければいけないと思います。

ただ、「今回の被害は物質的にのみ回復されるものではない」ということも事実です。そのため、精神的なケアと積極的な光の供給が必要です。今、供給が必要なのは電力だけではありません。神の光の供給も必要なのです。

当会の今の支部を見ても、頼《たよ》りないかぎりです。十分な救済が行えないレベルであり、まだ足場にしかすぎない感じでしょうか。ガンジス河が氾濫《はんらん》しているときに、動物たちが辿《たど》り着いている岩場ぐらいの存在です。この程度のものにしかすぎないので、もっとしっかりとしたものにしていく必要があります。数においいても規模においても足りないのです。

これは東北だけの話ではありません。全国を併《あわ》せての話です。

まだまだ力が足りないことを、いちばん悔《くや》しく思っているのは、おそらく私だろうと思います。

私は日本全国を啓蒙《けいもう》したいのです。「幸福の科学という存在があり、現実に啓蒙活動を行っていて、その救いは、実際に手が届くところまで来ている」という状態まで持っていきたいのです。

最近、やっと、当会の建物が、あちこちで、ちらほらと目立ち始めた段階ぐらいでしょうか。全国的には、まだまだ、まだまだ光が届かないので、もっと大きな力が欲《ほ》しいのです。

残念なことに、私はエル・カンターレの使命がまだ果たせないでいます。つらいことです。

こんなことでは駄目《だめ》なのです。

孤独《こどく》な戦いを強《し》いられていたイエス・キリスト

私は、最近、キリスト教の『聖書』で「イエス伝」（福音書）を何種類か読んだのですが、読んでいて、悲しくなってきました。ほとんどイエスの一人働きです。ずっと教祖一人が働いているのです。

それを読んだかぎりでは、彼の弟子《でし》たちは無能としか言いようがありません。理解力が低く、イエスが言っているたとえ話を理解できないことから始まって、組織的にもまったく無能です。ほとんどイエス一人で数千人の聴衆《ちょうしゅう》に話をしているような状況《じょうきょう》がずっと続いていて、やっと組織らしくなって動き始めたのはイエスが死んでからです。

そのため、「こんなレベルではイエスが気の毒だな」という印象が非常に強かったのです。

イエスの生前の組織と比べれば、当会は、少なくとも、ある程度は組織のかたちができています。弟子たちも、あれほど愚《おろ》かではなく、いちおう一定の学問を修めた人たちがいます。ガリラヤ湖で網《あみ》を打ち、魚を獲《と》っていた人（ペテロ）が弟子のトップだったキリスト教とは違《ちが》い、もう少し理解力があるので、多少、恵《めぐ》まれてはいます。しかし、まだまだ、はるかに力が足りない状況です。

『聖書』を読むと、イエスは、既成《きせい》勢力であるパリサイ派の律法学者たちと、よくディベートをしているのですが、ほとんど一人で既成勢力と戦っている印象を受けます。言論で戦えているのはイエス一人だけであり、弟子のほうは、全然、駄目です。イエス一人が孤独な戦いをしているのです。

当会は、その段階を通り越《こ》せたのではないかと思っています。つまり、教祖が一人働きをしているうちに潰《つぶ》されてしまうようなレベルは通り過ぎたと思うのですが、もう一段、組織として力を持たなくてはなりません。世界の救済まで向かおうとする志はよいのですが、実際には、まだまだ力が足りないので、現実に、もう一段、大きな力を持たなければなりませんし、人材も育てなければいけないのです。

地上を「サタンの手」から「神の手」に取り戻《もど》そう

『聖書』にはサタンについての記述もあるのですが、サタンの語源は「悪口を言う者」「批判する者」なのだそうです。私は「そうなのか」と思いました。何となく心当たりがあるような気がします。

その意味では、イエスから見れば、イエスを批判している者たちはサタンに当たるわけです。

『聖書』には、「私はサタンが稲妻《いなずま》のように天から落下していくところを見た」

という、イエスの言葉が遺《のこ》っています。サタンは大昔からいたのです。

そうしたサタンが、今、地上に根を張り、力を持っているので、私たちは地上で〝モグラ叩《たた》き〟をしている状態です。幸福の科学の支部や正心館《しょうしんかん》が一種の基地であり、そこから出撃《しゅつげき》して、モグラ叩きのように、地上に頭を出してきているサタンたちの頭《あたま》を、パシン、パシンと叩いて歩かなくてはいけない状況なのです。

地上を「サタンの手」から「神の手」に取り戻《もど》さなければいけません。それが私たちの大きな仕事です。

したがって、当会の規模は、まだまだ小さいと言えます。

支部の数は増えてきましたが、支部の建物には小さいものが多いのです。小さいなら小さいでよいのですが、その場合には、数がもっと多くないと、教えが行き渡《わた》らないところはあります。

もう一回りも二回りも三回りも、規模を大きくしなくてはなりません。そのためには、真剣《しんけん》な信者を増やしていくことが大事です。

われわれが行うべきなのは、「今、日本の国と世界の人たちに対して、本気で救いの手を差し伸《の》べようとしているのは幸福の科学なのだ」ということを、はっきりと理解していただけるように、それを印象づける仕事をすることです。それが大事であると考えられます。

私は、以前から、「東北は、やや霊的に影《かげ》が薄《うす》いな」という印象を受けていたのですが、案の定、そうでした。今回の震災で被害が大きかった辺りを通ったときには、まだ光が届いていない印象が強かったのです。

今回の震災をきっかけにして、当会は、もう一段の布教・伝道、植福《しょくふく》推進等で、教団を強くしていく必要があります。

今、戦える宗教は、日本には幸福の科学しかないのです。ほかのところは戦っていません。戦える宗教は当会だけです。日本に一つしかないのです。真理のために戦える宗教は一つしかありません。
したがって、われわれが頑張《がんば》るしかないのです。
その象徴《しょうちょう》の一つとして、仙台が頑張ってくださればよいと思います。

厳しさに耐《た》えて発展していくことが、救済力を高める

仙台正心館の建立《こんりゅう》は、同時に、栃木《とちぎ》県にある総本山の苦悩《くのう》を意味する可能性もかなり高いのです。東北の人は仙台正心館のほうに集まり、総本山に来る回数が減ると思われるからです。

したがって、総本山は、その苦悩を克服《こくふく》するために、北関東にて大勢の信者を獲得《かくとく》しなければなりません。やはり、栃木県や群馬県、埼玉《さいたま》県の辺りに信者を数多くつくらなくてはいけないのです。

総本山を栃木県につくったのに、栃木県の信者は大幅《おおはば》には増えていません。信

者が全国から総本山へ参拝等に来るので、それに安住してしまい、総本山側は栃木県民への伝道を必ずしも十分には行《おこな》ってきていないのです。

信者が他所《よそ》へ行ってしまい、以前のようには集《つど》ってこなくなると、総本山も周辺の人々に伝道しなくてはいけなくなります。そのようなところまで追い込《こ》まれないと、総本山も鍛《きた》えられません。

地元に信者が大勢いなくて、総本山と言えるでしょうか。それを私は言っておきたいのです。

仙台正心館ができることで、総本山は厳しい〝しごき〟を受けることになります。これが仙台正心館建立の目的の一つでもあるのです。

栃木県に総本山があるならば、栃木県には他県より何倍も信者がいて当たり前です。「他県から信者が来てくれるので、乗降客が増え、地元の駅が喜んでいます」と報告するだけでは、甘《あま》すぎて話になりません。他県から信者が来なくなっても存続していけるように、頑張らなくてはいけないのです。

その厳しさに耐《た》えて教団が発展していくことが、全体としての救済力を高めていくことになるので、そのつもりで努力していただければ幸いです。

期待しているので、頑張ってください。

あとがき

日本の復興に向けて、一人の宗教家として、立ち向かう決意の書である。

信仰ある者が尊敬される国でありますように。宗教家が人々に希望の福音を宣《の》べ伝《つた》えられる国となりますように。

この国が再び力を取り戻し、世界の未来を牽引《けんいん》できる光となりますように。

二〇一一年　六月十四日

幸福《こうふく》の科学《かがく》グループ創始者兼総裁《そうししゃけんそうさい》　大川隆法《おおかわりゅうほう》

本書は左記の法話や質疑応答をとりまとめ、加筆したものです。

第1章　諸行無常の風に吹かれて
　　　　――インドと日本――
二〇一一年三月十二日説法
東京都・大悟館

第2章　魂の救済について
二〇一一年五月二十八日説法
宮城県・仙台支部精舎

第3章　逆境の中の希望
二〇一一年五月二十九日説法
岩手県・奥州平泉支部精舎

第4章　救いは、すでに存在している［質疑応答］
1　「三帰誓願と奇跡」の関係
二〇一一年四月二十四日説法
埼玉県・富士見支部精舎

2 奇跡を体験した者の心構え
二〇一一年五月二十八日説法
宮城県・仙台支部精舎

3 大震災の被災者への接し方
(同右)

4 放射線に怯える人を安心させるには
二〇一一年六月四日説法
福島県・福島支部

5 「仙台正心館」建立の意義
二〇一一年五月八日説法
栃木県・総本山・正心館

『逆境の中の希望』大川隆法著作参考文献

『太陽の法』（幸福の科学出版刊）
『勇気の法』（同右）
『愛、無限』（同右）
『宗教選択の時代』（同右）
『大川隆法　インド・ネパール巡錫の軌跡』（同右）

逆境《ぎゃっきょう》の中《なか》の希望《きぼう》　――魂の救済から日本復興へ――

2011年7月7日　初版第1刷

著　者　　大《おお》川《かわ》隆《りゅう》法《ほう》

発行所　　幸福の科学出版株式会社

〒142-0041 東京都品川区戸越1丁目6番7号
TEL(03)6384-3777
http://www.irhpress.co.jp/

印刷・製本　株式会社 堀内印刷所

落丁・乱丁本はおとりかえいたします

ISBN978-4-86395-137-2 C0014
Photo: ©Nicolas delafraye-Fotolia.com

大川隆法 ベストセラーズ・心の救済のために

救世の法

信仰と未来社会

信仰を持つことの功徳や、民族・宗教対立を終わらせる考え方など、人類への希望が示される。地球神の説くほんとうの「救い」とは――。

1,800円

真実への目覚め

幸福の科学《ハッピー・サイエンス》入門

2010年11月、ブラジルで行われた全5回におよぶ講演が待望の書籍化！　いま、ワールド・ティーチャーは、世界に語りはじめた。

1,500円

教育の法

信仰と実学の間で

深刻ないじめの問題の実態と解決法や、尊敬される教師の条件、親が信頼できる学校のあり方など、教育を再生させる方法が示される。

1,800円

幸福の科学出版株式会社

※表示価格は本体価格(税別)です。

大川隆法 ベストセラーズ・人生の目的と使命を知る

太陽の法

エル・カンターレへの道

創世記や愛の段階、悟りの構造、文明の流転を明快に説き、主エル・カンターレの真実の使命を示した、仏法真理の基本書。

2,000円

黄金の法

エル・カンターレの歴史観

歴史上の偉人たちの活躍を鳥瞰しつつ、隠されていた人類の秘史を公開し、人類の未来をも予言した、空前絶後の人類史。

2,000円

永遠の法

エル・カンターレの世界観

『太陽の法』（法体系）、『黄金の法』（時間論）に続いて、本書は、空間論を開示し、次元構造など、霊界の真の姿を明確に解き明かす。

2,000円

※表示価格は本体価格（税別）です。

大川隆法監修［宗教法人 幸福の科学 編］・救世の情熱

不惜身命2010
大川隆法　伝道の軌跡
新時代への創造

最新刊！

2010年、年間二百数十回にも及んだ大川隆法総裁の説法ダイジェスト集。国難打破と霊界の証明のための「公開霊言」、ブラジルでの5回連続講演も収録。

2,000円

大川隆法
フィリピン・香港
巡錫の軌跡

最新刊！

2011年5月下旬、2日連続で行われた、フィリピン・香港の2カ国を跨《また》いだ巡錫説法のダイジェスト。全身全霊で世界に語りかける世界教師の姿がここに。

1,300円

大川隆法
インド・ネパール
巡錫の軌跡

2011年2月から3月に行われた、インド・ネパール巡錫を豊富なビジュアルで紹介。全4回の説法ダイジェストや再誕の仏陀を待つ現地信者の感動が満載。

1,300円

幸福の科学では、
心の救済と国家の復興を支援するための
祈願を開催しています。

『天変地異調伏《ちょうぶく》祈願』

主の偉大なる光によって、天変地異から護《まも》られることを祈ります。
【全国の支部・精舎】にて開催。

『放射能被害除去祈願』

放射能被害から大切な家族や親族、法友を護る祈願です。
【全国の支部・精舎・拠点】にて開催。

『日本再建への祈り』

あらゆる不幸を乗り越え、国家を再建することを祈ります。
【全国の支部・精舎・拠点】にて開催。

『恐怖心を取り除くための祈り』

さまざまな被害から護られ、明るく積極的に生きていく力を授かります。
【全国の支部・精舎・拠点】にて開催。

幸福の科学グループのご案内

宗教、教育、政治、出版などの活動を通じて、地球的ユートピアの実現を目指しています。

宗教法人　幸福の科学

一九八六年に立宗。一九九一年に宗教法人格を取得。信仰の対象は、地球系霊団の最高大霊、主エル・カンターレ。世界約八十カ国に信者を持ち、全人類救済という尊い使命のもと、信者は、「愛」と「悟り」と「ユートピア建設」の教えの実践、伝道に励んでいます。

（二〇一一年七月現在）

公式サイト
http://www.happy-science.jp

愛

幸福の科学の「愛」とは、与える愛です。これは、仏教の慈悲や布施の精神と同じことです。信者は、仏法真理をお伝えすることを通して、多くの方に幸福な人生を送っていただくための活動に励んでいます。

悟り

「悟り」とは、自らが仏の子であることを知るということです。教学《きょうがく》や精神統一によって心を磨き、智慧《ちえ》を得て悩みを解決すると共に、天使・菩薩の境地を目指し、より多くの人を救える力を身につけていきます。

ユートピア建設

私たち人間は、地上に理想世界を建設するという尊い使命を持って生まれてきています。社会の悪を押しとどめ、善を推し進めるために、信者はさまざまな活動に積極的に参加しています。

国内外の世界で貧困や災害、心の病で苦しんでいる人々に対しては、現地メンバーや支援団体と連携して、物心両面に渡り、あらゆる手段で手を差し伸べています。

年間３万人を超える自殺者を減らすため、全国各地で街頭キャンペーンを展開しています。

公式サイト
http://www.withyou-hs.net/

ヘレン・ケラーを理想として活動する、ハンディキャップを持つ方とボランティアの会です。視聴覚障害者、肢体不自由な方々に仏法真理を学んでいただくための、さまざまなサポートをしています。

公式サイト
http://www.helen-hs.net/

INFORMATION

お近くの精舎・支部・拠点など、お問い合わせは、こちらまで！
幸福の科学サービスセンター
TEL. 03-5793-1727（受付時間 火～金：10～20時／土・日：10～18時）
幸福の科学グループサイト http://www.hs-group.org/

教育

学校法人 幸福の科学学園

幸福の科学学園中学校・高等学校は、幸福の科学の教育理念のもとにつくられた学校です。人間にとって最も大切な宗教教育の導入を通じて精神性を高めながら、ユートピア建設に貢献する人材輩出を目指しています。

幸福の科学学園
中学校・高等学校（男女共学・全寮制）
2010年4月開校・栃木県那須郡

TEL **0287-75-7777**
公式サイト
http://www.happy-science.ac.jp/

関西校（2013年4月開校予定・滋賀県）
幸福の科学大学（2016年開学予定）

仏法真理塾「サクセスNo.1」
小・中・高校生が、信仰教育を基礎にしながら、「勉強も『心の修行』」と考えて学んでいます。

TEL **03-5750-0747**（東京本校）

不登校児支援スクール「ネバー・マインド」
心の面からのアプローチを重視して、不登校の子供たちを支援しています。

NPO 活動支援

学校からのいじめ追放を目指し、さまざまな社会提言をしています。また、各地でのシンポジウムや学校への啓発ポスター掲示等に取り組むNPO「いじめから子供を守ろう！ネットワーク」を支援しています。

公式サイト **http://mamoro.org/**
ブログ **http://mamoro.blog86.fc2.com/**
相談窓口 **TEL.03-5719-2170**

政治

幸福実現党

内憂外患《ないゆうがいかん》の国難に立ち向かうべく、二〇〇九年五月に幸福実現党を立党しました。創立者である大川隆法党名誉総裁の精神的指導のもと、宗教だけでは解決できない問題に取り組み、幸福を具体化するための力になっています。

党員の機関紙
「幸福実現News」

TEL 03-3535-3777
公式サイト
http://www.hr-party.jp/

出版メディア事業

幸福の科学出版

大川隆法総裁の仏法真理の書を中心に、ビジネス、自己啓発、小説など、さまざまなジャンルの書籍・雑誌を出版しています。他にも、映画事業、文学・学術発展のための振興事業、テレビ・ラジオ番組の提供など、幸福の科学文化を広げる事業を行っています。

TEL 03-6384-3777
公式サイト
http://www.irhpress.co.jp/